憲法改正への異次元発想

憲法学者NOW・芦部信喜 元東大教授の霊言

大川隆法

RYUHO OKAWA

まえがき

憲法改正論議がいよいよ現実味を帯びてきた。しかし、憲法記念日（五月三日）あたりを境にして護憲派の巻き返しも激しく、昨夏の「脱原発」騒動ふうの左翼系運動の揺り返しも熱を帯びてきた。「憲法改正」問題になると、「竹島問題」も「尖閣問題」も「北朝鮮の核ミサイル問題」も頭から蒸発してしまい、「パブロフの犬」のように条件反射してしまう人が多すぎる。日本人が伝統的に持っていた「和を愛する心」が、「憲法九条で平和を護れ！」に転換されてしまっているのだろう。

私は表向きは宗教家かもしれないが、やっている仕事は、新文明の創造である。その意味で、政治や法律、経済・経営、外交、歴史、マスコミ論、地球上の紛争解決から、教育改革まで仕事のターゲットに入っている。政治や法律、経済、外交に関して、歴代総理より詳しい宗教家がいてもいいではないか。実際に、政治も法律も、国際経済も、経営も勉強してきた。平凡な言い方ではあるが、向学心と好奇心とを持ち続けて、半世紀以上「亀の如く」勉強を続けてきた。この国の未来への一条の光となることを心より願っている。

二〇一三年　五月十五日

幸福《こうふく》の科学《かがく》グループ創始者兼総裁《そうししゃけんそうさい》　大川隆法《おおかわりゅうほう》

憲法改正への異次元発想　目次

憲法改正への異次元発想

――憲法学者NOW・芦部信喜《あしべのぶよし》 元東大教授の霊言《れいげん》――

二〇一三年五月一日　収録
東京都・幸福の科学総合本部にて

「霊言現象《れいげんげんしょう》」とは、あの世の霊存在の言葉を語り下ろす現象のことをいう。これは高度な悟《さと》りを開いた者に特有のものであり、「霊媒現象《れいばいげんしょう》」（トランス状態になって意識を失い、霊が一方的にしゃべる現象）とは異なる。

なお、「霊言」は、あくまでも霊人の意見であり、幸福の科学グループとしての見解と矛盾《むじゅん》する内容を含《ふく》む場合がある点、付記しておきたい。

憲法改正への異次元発想

――憲法学者NOW・芦部《あしべ》信喜《のぶよし》 元東大教授の霊言《れいげん》――

二〇一三年五月一日　収録

東京都・幸福の科学総合本部にて

芦部信喜《あしべのぶよし》（一九二三〜一九九九）

日本の法学者。専門は憲法学。東京大学名誉《めいよ》教授。東京大学法学部教授、同学部長、学習院大学法学部教授等を歴任。日本公法学会理事長、全国憲法研究会代表、国際人権法学会理事長等も務める。憲法制定権力などの研究で学界を主導し、護憲派として知られた。『憲法』（岩波書店刊）は代表的な著作であり、憲法学の教科書として、九三年の刊行以来、ロングセラーとなっている。

質問者　※質問順

泉聡彦《いずみとしひこ》（幸福の科学理事　兼《けん》　幸福の科学大学副学長〔就任予定〕）※

加藤文康《かとうぶんこう》（幸福実現党総務会長）

立木秀学《ついきしゅうがく》（幸福の科学理事　兼　ＨＳ政経塾《じゅく》塾長）

※仮称。二〇一五年四月開学に向けて設置認可申請予定。

［役職は収録時点のもの］

1　憲法学の権威《けんい》に「憲法改正」について訊《き》く

次期参院選最大の争点となる「憲法改正」

大川隆法　今日は、五月一日ですけれども、五月三日が憲法記念日ということもあり、今、憲法論議がいろいろなところで盛《さか》んになっていることだろうと思います。

また、今年の夏に予定されている参院選では、憲法改正が主たる争点になると考えられています。安倍《あべ》首相率いる自民党、プラス、それに賛成する勢力が三分の二以上の議席を得て、憲法改正に取り掛《か》かれるかどうかが、最大の争点の一つになるでしょう。

現行憲法には、幾《いく》つかのチェックすべき点があり、議論しなくてはいけないところがあります。自民党からも憲法改正草案が出されてはいるようですけれども、それに、さっそく〝かみつく〟人も一部にはいるので、党内にも異論はあるようです。

また、幸福の科学としても、自民党とは全然違《ちが》う憲法試案を出しています（巻末の「新・日本国憲法 試案」参照）。これは、憲法学者が見ると、「さすがに勘弁《かんべん》してほしい。これでは一年間、通年授業ができずに、一カ月以内に終わってしまう」と言われる可能性があるような、簡潔な憲法案になっています。

憲法改正は難しい議論であり、戦後、何十年も変えることができないままでおりますので、安倍政権において、いよいよ憲法改正に踏《ふ》み込《こ》めるのであれば、歴史的な一歩になる可能性はあるでしょう。

なお、憲法改正勢力を多数派に持っていくに当たっては、幸福実現党の党員や幸福の科学の信者のみなさまがたの、さまざまな政治運動が陰《かげ》にはありましたし、私の著書をはじめとする、数多くの言論の影響力《えいきょうりょく》が、世論《せろん》に浸透《しんとう》し、マスコミを圧倒《あっとう》してきたこともあったのではないかと思います。

現時点では、私ども自身の手で、憲法改正を実現するまでには至らない状況《じょうきょう》ではありますけれども、幸福実現党を名乗り、政党を張っておりますので、憲法改正に関するいろいろな案、特に実現しそうな案については、何らかのチェックを入れる必要はあると考えています。

ただ、私どもは宗教を専門にしている者ですので、世間《せけん》からは、「どうせ、素人《しろうと》の意見だ」と見られるかもしれません。そのへんを謙虚《けんきょ》に受け止めまして、霊界《れいかい》に還《かえ》っておられる憲法学の権威《けんい》の意見を聴《き》いてみたいと思います。

「憲法学の第一人者」であった芦部信喜《あしべのぶよし》教授

大川隆法　今日、霊言《れいげん》を予定しているのは、東大の憲法学の教授だった芦部信喜《あしべのぶよし》さんです。

私が東大の学生のころに、ちょうど、今の私ぐらいの年齢《ねんれい》であり、当時、憲法学の第一人者になってきていたと思います。司法試験委員や外交官試験委員、公務員試験委員なども務めていて、その意味で、影響力は大きかったですし、芦部さんの書かれた『憲法』は、いろいろな試験の対策用テキストとして、よく使われており、信頼感《しんらい》のある本でもありました。

ちなみに、私の在学中、憲法学の教授としてメインで講義している方は二人いて、一人が芦部信喜教授で、もう一人が小林直樹《こばやしなおき》教授（現・名誉《めいよ》教授）でした。この二人が、毎年、交互《こうご》に出てきていて、「当たり年」と「当たらない年」があったのですが、私は、運がよかったのか悪かったのか、小林直樹さんのほうに当たってしまいました（笑）。

この方は、左翼《さよく》の憲法学者として誰《だれ》もが知っている方でしたが、私は、まじめな学生でしたので、左翼だろうと右翼だろうと構わずに、授業は聴いていたのです。

ただ、それは、「天皇制反対」から始まる憲法学であり、「ここは国立大学だったよな？　国立大学の憲法学の教授が、日本国憲法の最初に出てくる天皇制に反対しているが、こんな授業があっていいのだろうか」と思ったことを覚えています。「学問の自由とは、そういうものなのかな。しかし、いくら何でも、こういう人を教授にするだろうか」と、不思議な感覚に打たれたのは事実です。また、当時は成田《なりた》空港建設の反対闘争《とうそう》運動が起きていて、開港が遅《おく》れていたのですが、「一坪《ひとつぼ》地主運動」など、いろいろな反対運動を、一生懸命《いっしょうけんめい》、理論的に後押《あとお》ししていたのが小林教授でした。

私は、そういう人に教わりながらも、なぜか成績だけはよく、「テストで九十点をクリアする」という離《はな》れ業《わざ》をやっていたのです。私に、いかに〝二重性〟、〝三重性〟があるかがよく分かるでしょう（笑）。

しかし、「この人の授業だけでは少し危ない」と感じたので、あわせて、芦部教授の本も読んでいました。

そういうわけで、私は、直接、芦部教授の謦咳《けいがい》に接していません。同じ時期に、同じ大学の同じ学部にいたのですけれども、直接、教わったことがないのが、少し残念ではあります。

成川豊彦《なりかわとよひこ》氏が感じた芦部教授の「学徳」

大川隆法　ここで、芦部教授がどんな人かが分かるエピソードを幾つか紹介《しょうかい》しましょう。

資格試験予備校の早稲田《わせだ》セミナーをつくった成川豊彦《なりかわとよひこ》さんという方がいます。この方は、早稲田大学政治経済学部を卒業して、新聞社に勤めながら公認会計士の資格を取り、その後、起業されました。徳島県出身で、私にとっては十数年上の高校の先輩《せんぱい》になるのですが、ちょうど私が大学生だったころ、早稲田セミナーの経営が軌道《きどう》に乗り、通う人がかなり増えていたように思います。

この成川さんの書いた本のなかに、芦部教授が登場するのです。

それは、「毎朝乗っている通勤電車に、いつも英文の資料を読んでいる老紳士《しんし》がいた。吊《つ》り革や手すりにつかまっても、席に座っても、いつも熱心に読んでいる。誰だか分からないが、毎日、見続けているうちに、『自分も負けないぞ』と発奮するようになった。そして、あるとき、街角で出版社主催《しゅさい》の講演会のポスターを見たとき、初めて顔と名前が一致《いっち》して、『あの人が、有名な芦部先生だったのか』と分かった」という話であり、成川さんは、芦部教授のことを「生涯《しょうがい》の師」と呼んで非常に尊敬しているようです。

成川さんは、公認会計士の資格を取得した方であり、司法試験のほうは受けていませんが、司法修習生などを使いながら司法試験のゼミナールも始めて、かなり大きくしていきました。そんなとき、芦部教授と出会ったわけです。

その後、成川さんは学習院大学の聴講生《ちょうこう》となって芦部教授の講義を受けるようになり、それがきっかけで、判例や解説などを載《の》せた司法試験用の六法（憲法、民法、刑法《けいほう》、商法、民事訴訟《そしょう》法、刑事訴訟法）のテキストをつくることを考えつきました。

ちなみに、私も、そのテキストを使った覚えがあります。

このように、「知らない人に対して、その姿そのものが感化を与《あた》えていた」ということから見ると、芦部教授は、多少、学徳がにじみ出すような方だったのでしょう。「直接、知らない人に、そのように見られていた」という話が、成川さんの本に書いてありました。

そういうことも経て、早稲田セミナーは大きくなっていったのでしょうが、そこで司法試験の勉強をし、その恩恵《おんけい》に浴した方も大勢いたことと思います。

片山《かたやま》さつき氏への助言と、託《たく》した願い

大川隆法　もう一つの例は、今、自民党の参議院議員で、総務大臣政務官を務めている片山《かたやま》さつきさん（前・参議院自民党副幹事長）の話です。独身時代は朝長姓《ともながせい》だったと思いますが、東大では、私の下の学年ぐらいにいたような気がします。

彼女は、在学中、雑誌「ｎｏｎ‐ｎｏ《ノンノ》」のキャンパス特集企画《きかく》で「ミス東大」として取り上げられていたので、学生時代にその存在を知ってはいました。

この人の書いたもののなかに、大学三年生で外交官試験を受けたときの話が出てきます。それによると、面接を受けていた休み時間に、試験委員だった芦部教授と

廊下《ろうか》で出会い、「君は、東大を中退して外交官になってはいけない。きちんと卒業して大蔵省（現・財務省）に入りなさい。そして、将来、憲法改正をやりなさい」と言われたのだそうです。

確か、彼女は、女性で初めて財務省主計官になっていますが、「財務省にあるトイレの数だけ泣いた」ということも書いていたと思います。

彼女は、大学時代、芦部教授に教わったようですが、こうしたエピソードから見ても、「芦部教授が、どのような人柄《ひとがら》か」ということが少し分かるのではないでしょうか。

憲法学の権威・芦部信喜教授の霊《れい》を招霊《しょうれい》する

大川隆法　ちなみに、今日の質問者は、三人とも東大法学部の卒業生です。

先ほど、秘書と話していたのですが、私が、「彼らも、今は、むさいおじさんになっているので、芦部教授も嫌《いや》だろうな」と言うと、女性秘書から、「東大は、そんな人ばかりでしたから大丈夫《だいじょうぶ》なのではないですか」という意見がありました（笑）。そう言われてみれば、そうだったかもしれません。

まあ、質問者三人に加えて、私も同じところの卒業生ですから、むさいおじさんではございます。ただ、彼らには、こんなときでもないと出番がありませんので、少しはお役に立っていただかないといけませんね。

もちろん、「若い人を質問者に出す」という話もあったのですが、加藤さんが権威を持って、「やはり、私は、芦部教授の授業を聴いた者として、やらないわけにはいきません」と名乗り出てきたので、若い人は追い出されてしまいました。

若い人であれば、法律を記憶《きおく》していると思うのですが、〝古い〟人は、ほとんど忘れてしまい、残っていないと推定はします。ただ、法律は忘れても、世間解《せけんげ》が少しは増えているでしょうから、「憲法改正の時代的意義」や「問題点」等については、むしろ分かるのではないかと思います。

芦部教授が、今、どんな状況かは知りません。宮沢俊義《みやざわとしよし》さん（憲法学者・東大名誉教授）の場合、以前、出てきたときには少し問題がありました（注。同氏の霊《れい》は、あまり、死の自覚を持っておらず、戦後、自らがつくった憲法学を守る立場から、憲法改正反対を主張していた。『現代の法難《ほうなん》④――朝日ジャーナリズムの「守護神」に迫《せま》る――』〔幸福の科学出版刊〕参照）。

芦部教授は、その人の助手だったので影響は受けているでしょうが、やや温厚さがある方だとは思いますので、それほど極端《きょくたん》ではないでしょう。

今の法曹《ほうそう》界の重鎮《じゅうちん》たちは、芦部教授の影響を受けている方がほとんどであるはずですから、憲法改正について訊《き》くとしたら、みな、この人の意見を聴きたいのではないかと思われます。

ただ、「芦部信喜の霊言」という題では、法律関係者は読んでくれない可能性が高いので、今回は、「憲法改正の異次元発想」という少し変わった題で挑戦《ちょうせん》してみようと思います。

このテーマについては、論点も多く、また、百三条すべてについて訊くわけにはいかないので、幾つか問題点を絞《しぼ》って話が聴ければよいでしょう。もしかしたら、質問などさせてもらえない可能性もあります。「君たち、もっと勉強し直してきなさい」と言われて終わりかもしれませんが、その場合は責任を負えませんので、よろしくお願いします。

（質問者に）それでは始めましょうか。

（瞑目《めいもく》し、合掌《がっしょう》する）

かつて東大で憲法学の教授をなさり、名誉教授にもなられました芦部信喜さんの霊を、幸福の科学総合本部に招霊《しょうれい》いたしたいと思います。

芦部信喜元東大教授の霊よ。

今、日本は国難のなかにあり、憲法改正も急務とされております。

あなたのような、憲法を一生の研究課題とされた権威ある方は、今、自民党をはじめ、さまざまな立場の方が憲法改正を目指していることについて、どのような考えを持っておられるのでしょうか。

あの世に還られて、まもなく十四年になろうかと思います。「未来の日本をつくるために、どのように憲法改正について取り組んでいけばよいのか」、あるいは、「絶対に改正してはならないのか」。

私の出す本は、現在の政権にも非常に大きな影響を与えますので、参考になるご意見をお聴かせ願えれば幸いです。

芦部信喜元東大教授の霊、流れ入《い》る、流れ入る、流れ入る、流れ入る、流れ入る、流れ入る、流れ入る……。

（約十五秒間の沈黙《ちんもく》）

2 「憲法改正論議」をどう見ているか

「安倍《あべ》総理の発言」を知って憤慨《ふんがい》する芦部教授

芦部信喜　ううーん……。

泉　芦部先生でいらっしゃいますか。

芦部信喜　うん？　ああ……。

泉　このたびは、幸福の科学の総合本部にお越《こ》しくださいまして、ありがとうございます。

芦部信喜　まあ、変なところに呼ばれましたね。

泉　亡《な》くなられてから十四年がたちますけれども、今はどのような状況《じょうきょう》でしょうか。

芦部信喜　いやあ、研究をしているよ。

泉　研究をしておられるのですか。

芦部信喜　研究している。まあ、この国の政治や、憲法を取り巻く状況等の問題については、だいたい把握《はあく》しているつもりではいるよ。

泉　今、地上では、憲法改正の論議が非常に盛《さか》んになっております。ちなみに、この三月にも、民主党の議員が安倍《あべ》総理に、「芦部信喜という憲法学者をご存じですか」と質問したところ、安倍総理が、「私は存じ上げておりません」と答えたことで……。

芦部信喜　あっ、それは、ちょっと問題だよ。いや、私、(頭に）血が上《のぼ》ってきた。今、一瞬《いっしゅん》、血が上ってきたよ（会場笑)。それは、総理の資格がないんじゃないか。それはいけないわ。

泉　ええ、芦部先生のお名前を……。

芦部信喜　君は、プロのアナウンサーか？　うまいなあ。いきなり喧嘩《けんか》をふっかけてきたね（会場笑)。

泉　いえいえ。これは、あの……。

芦部信喜　私、血が上ってきた。寝《ね》てたのに、ちょっと血が上ってきたなあ。

泉　「安倍総理が知らなかった」ということで……。

芦部信喜　そんなことがあっていいのか？

泉　それで、芦部先生のお名前が、今、日本中で非常に有名になっております。

芦部信喜　あの人は、年齢《ねんれい》が五十八ぐらいになるんだろう？

泉　ええ。

芦部信喜　それで、私の名前を知らない？

泉　法学部出身ではいらっしゃるようですけれども……。

芦部信喜　はああ……。法学部にもいろいろあるからなあ。本学（東大）以外は、法学部ではないんだよ、君。ほかの人には聞かせられないが、本学にしか法学部はないんだ。あとのは、「法学部に準ずる学部」であるからねえ。それでは、安倍総理に退陣《たいじん》してもらわないといかんじゃないか。私も、急に論が強硬《きょうこう》になってくるなあ。ええ？

「知らん」というのは、いくら何でも失礼だ。「十分に学説の勉強ができておりません」と答えるのが正しい。答え方が、そうであればよろしいですけどねえ。

泉　そうですね。

芦部信喜　（舌打ちをする）

泉　今、安倍総理を中心に、憲法改正論議が非常に盛んになっております。

芦部信喜　私を知らない人だったら、改正論議は駄目《だめ》だ。それはアウトだ。ちょっと腹が立ってきたなあ。（泉に）怒《おこ》れよ。

泉　（笑）

芦部信喜　それは、いかん。「知らない」と言われて……。

まあ、そんなもんかねえ。(死後)十何年で、そんなもんですか。いやあ、人情っていうのは薄《うす》いなあ。

うーん、さすがに腹が立ってきた。

ここで憲法改正しなければ「政治家総辞職」だ

加藤　芦部先生。本日は、戦後憲法学を築いてこられました芦部先生から、ぜひ、ご教示を頂きたく、よろしくお願いしたいと思います。

芦部信喜　しかし、宗教家が知っているのに、首相が知らないのは許されないですよね。

やはり、首相なら、憲法の試験ぐらい受けてもらわないといかんですなあ。知っているかどうか。知っていて改正しようとしているのかどうか。一回、試験を受けてもらいたいですな。ちょっと問題があるよ。

加藤　いずれにいたしましても、先生。

芦部信喜　うん。

加藤　七月に参議院選挙もございますが、「憲法改正」が大きな争点にもなりそうで……。

芦部信喜　まあ、そうらしいなあ。

加藤　今、憲法改正の機運が、非常に大きく盛り上がってきています。

芦部信喜　うん。

加藤　このへんの動きについては、霊界《れいかい》から、どのようにご覧になっていらっしゃいますでしょうか。

芦部信喜　それは、まあ、改正されるのは時間の問題ではあろうと思っていたし、私も在任中から、「これは、いずれ直さなくてはいけない」と思って、腹のなかで考えていることはありましたね。

やはり、アメリカに占領《せんりょう》されていた時代が終わり、日本が経済的に成長した段階で、「独自なものに変えていかねばならない」という気持ちは持っていましたよ。

ただ、確かに、アメリカからの「押《お》しつけ憲法」ではあるけども、戦後、そのとおりにやって、比較《ひかく》的うまくいった面もあったので、国民全体としては、「合格点はもらえた憲法だ」と思っていたんだろう。

加藤　しかし、制定から六十年以上が経過いたしまして、耐用《たいよう》年数は過ぎている感じがします。

芦部信喜　そうだね。

加藤　そこで、そろそろ各論に入らせていただきたいと思うのですが……。

芦部信喜　はい、はい。

加藤　今、憲法改正に当たって、まずは憲法の改正条項《じょうこう》を定めた九十六条から手がけていく動きが大きくなってきているのですが、このあたりについては、どのようにお考えでしょうか。

芦部信喜　まあ、「国会議員の二分の一（過半数）でいい」となれば、憲法が法律と一緒《いっしょ》になってしまう。法律なんかいくらでもつくれるから、それと同じレベルであれば、毎年、いくらでも憲法が改正されることだってありえるだろう？　だから、反対論者《ろんじゃ》は、たぶん、そこを攻《せ》めてくるだろうね。

ただ、国民投票まであるとなれば、そうは言っても、一定の〝儀式《ぎしき》〟を伴《ともな》うので、法律とまったく一緒とは言えないと思うんだ。

実際に、反対する勢力があって、与党《よとう》が三分の二まで取るのは難しいために、憲法改正を、「九条から攻めずに、九十六条から攻める」という兵法自体は賢《かしこ》いと思うよ。

まあ、攻めやすいところから攻めて、それから九条に迫《せま》るつもりだろう。

加藤　やはり、現行憲法は、改正自体が非常に難しい、いわゆる硬性《こうせい》憲法でありますが、「その硬性性が、最高法規の権威《けんい》になっている」という見方もあります。

芦部先生ご自身は、「二分の一（過半数）でも構わない」とお考えなのでしょうか。

芦部信喜　実際に、憲法改正を要する事項になれば、国民的な意見を聞いたときに、八十パーセントぐらいが賛成するような内容でなければいけないので、「三分の二」という要件自体は、本当の意味で言えば、そんなに難しいものではないはずなんだよ。

政党の党派性が原因で、数合わせに汲々《きゅうきゅう》とするのなら難しいかもしれないけども、「（憲法改正を）必要とするかどうか」という国民の判断から見て、八割程度が、「変えたほうがいい」と思うぐらいの高まりがないと、本当は変えるべきではないのでね。だから、国会が、「わざわざ政党別に反対の意見を持ってきて、戦う」という感じの場でなければ、本当は、「三分の二」でも、通ることは通ると思うんだよ。

今も、民主党が、いちおう反対のほうに持っていこうとしているんだろう？　今の党首（代表）は、海江田《かいえだ》さんか？　彼は、反対のほうに持っていこうとしていると思うけど、民主党のなかにだって、改憲賛成派は、けっこういるはずなのでね。「(選挙に)自民党から出られなかったから民主党から出た」という人は大勢いるし、北朝鮮《きたちょうせん》の核《かく》ミサイル問題や、中国軍が尖閣《せんかく》を取ろうとしている問題などを見て、何もしないわけにいかないでしょう。ここで、しなければ、内閣総辞職どころではなくて、はっきり言って、政治家総辞職だな。それでは、存在の意味がないからね。

まあ、地方自治に任せて、例えば、「沖縄《おきなわ》で対応してください」と言って投げるんなら、それはそれで結構だろうがなあ。

生前「護憲派」だったのは当時の世界情勢による

立木　私は、かつて芦部先生が、東大にご講演にいらっしゃったときに、謦咳《けいがい》に接したことがございます。非常に平和に対する思いが強く、「もう戦争はこりごり」というお気持ちがあって、そうしたことが、研究活動の大きなモチベーションの一つであられたように思います。

芦部信喜　うーん。

立木　今、憲法九条では、「戦力を持たない」となっておりますけれども、芦部先生の現在のお考えとしては、「そこを変えて、戦力を持ち、必要な折には防衛に入ることを明確化する」ということでよろしいのでしょうか。

芦部信喜　まあ、戦後、日本の敗戦から発展期に入る過程では、「日本に軍隊があったところで、国を守れるわけではない」と思っていたし、米ソの巨大《きょだい》大国の対立のなかで、日本が軍隊を出したって、そんなものは一撃《いちげき》で倒《たお》されるだろうとは思っていたのでね。やはり、時代背景は大きく影響《えいきょう》するよね。

例えば、ソ連があんなふうに崩壊《ほうかい》することなど予想されなかったし、まあ、私の生きている間に、幸福の科学が出てきていたことぐらいは認識しておったけど、中国があんなに巨大化してくるところまでは、私が死ぬころであっても、十分には予想されていなかった。

（世界が）アメリカ一国の超《ちょう》大国型であるのなら、日本は、今までの平和主義でやっても安全だとは思うよ。ただ、「アメリカ一国超大国主義で、アメリカは世界の警察官で、全部、アメリカに任せておけば大丈夫《だいじょうぶ》」という状況ではないのならば、考えなければいけないね。

加藤　実際に、一九九〇年代までの東西冷戦時代に比べ、時代背景はかなり変わってまいりました。二〇〇〇年代に入りましてからは、日本は、中国や北朝鮮による軍事的脅威《きょうい》に直面しております。「憲法九条の改正は本当に必要だ」という国民世《せ》論《ろん》も、大きな声になってまいりました。

芦部先生もご存じだと思うのですが、衆議院でも、すでに三分の二の勢力が、「改憲が必要である」と表明しています。

芦部信喜　うーん。

加藤　もちろん、実際には、「九条の改正」がターゲットだとは思いますが、今度の参院選では、そのあたりが争点になりつつも、その前提としての「九十六条の改正」がメインになってくると考えています。

芦部先生といたしましては、「九条改正も必要である」とお考えでしょうか。

芦部信喜　まあ、そうだねえ。ちょっと価値観が変わったからねえ。

私のメインは、だいたい、一九七〇年代から八〇年代だろうけど、そのころの感じでは、やはり、「平和勢力」というのが何よりもいいブランドだったから、そういうことだったとは思うんだよ。

ただ、はっきり言って、だいぶ変わってきた。だから、憲法（改正）だって、国の置かれる情勢によっては考えねばならないねえ。

「道徳観」や「宗教観」を憲法の条文に盛り込《こ》むべきか

芦部信喜　安倍さんが、本当に私を知らなかったのかどうか。私のことを「知っている」と言った場合、「『平和憲法を護《まも》る（護憲）』という考えについて、どう思いますか」と攻められるかもしれないからね。

まあ、憲法というものも、実は、解釈《かいしゃく》でどうにでもなるところがあって、「結論は、必ずそのとおりになる」というものでもないんだよ。

例えば、一年ぐらいの前後はあるんだろうけど、社民党の党首の……、誰《だれ》だったっけ？

会場の男性　福島瑞穂《ふくしまみずほ》さんです。

芦部信喜　ああ、福島瑞穂、それから、大川隆法、片山《かたやま》さつき。このあたりは似たような時代に、(東大法学部で)勉強しておりながら、言っていることは、どうせ、みんな違《ちが》うんだろうから、解釈の仕方はいろいろあるわけだ。

あなたがたから見れば、「福島瑞穂は、平和主義者で護憲論者だから、どうせ、中国や北朝鮮と同じような唯物論《ゆいぶつろん》・無神論の人間だろう」と思うかもしれないけど、あれでクリスチャンなんだよな。

だから、このへんの考え方については、「同じ憲法からでも出てくるものが違う」ということだよ。

それに、成文法でなければいけない理由もないのでね。

イギリスみたいに、「慣習法で十分」というか、「昔からの慣習を元にして憲法がある」というかたちでも構わないわけだから、「成文法で、書いてある文章の一字一句に基《もと》づいて全部やらなければいかん」というやり方も問題だよね。

今、安倍総理などは、「憲法に、『家族的価値観を重視しよう』というようなものも入れたい」と言っているんだろう？

これは、「古き良き日本を取り戻《もど》す」ということなんだろうけども、これに関しては、慶応《けいおう》の先生の小林節《こばやしせつ》さん（憲法学者）も反対なさっていたね。

憲法に、「家族的価値観を守れ」みたいなものを入れたら問題が起きますよ。「離《り》婚《こん》するのは憲法違反《いはん》」「不倫《ふりん》をしたら憲法違反」ということになって、イスラム教のように、すぐに死刑になったりする方向に戻ってきたら大変なことです。

戦前には、そういうこともございましたけども、同じところに踏《ふ》み込《こ》むこともあるわけだから、「道徳観や宗教観が、そのまま憲法の条文として制定される」ということについては、やはり、「それが、いいかどうか」の問題はあるだろう。

憲法とは、本当は成文法でも成文法でなくても構わないんだけど、「基本的な国のあり方、国体をどう考えるか」ということだと思うんだよな。

3 「天皇制」をめぐる議論

戦後の象徴《しょうちょう》天皇制は「傀儡《かいらい》」にしかすぎない

加藤　憲法九条の話に少し戻《もど》るのですが……。

芦部信喜　ああ、また戻すか。

加藤　はい。今、お話を伺《うかが》っていて、ご生前、東大の現職であられたころと比べて、非常に柔軟《じゅうなん》なご発想というか、ご見解をお持ちのように感じました。

芦部先生は、東大で同僚《どうりょう》だった小林直樹《こばやしなおき》先生とは、当時から、本音では、かなりスタンスが違《ちが》っていたのでしょうか。

芦部信喜　いや、いちおう、宮沢俊義《みやざわとしよし》先生の影響《えいきょう》は受けておりますからね。まあ、君らは、今から見れば、「左翼《さよく》」とか、汚《けが》らわしく言うかもしれないけど(笑)、そうは言っても、戦後のスタート点は、ほとんど左翼なんだよ。しかたないじゃないですか。

右翼が総崩《そうくず》れというか、国体護持（勢力）というのは、ほとんど総崩れ状態からスタートしていて、「何とか、かたちだけでも国の体裁《ていさい》を守る」という感じだった。「とにかく、かたちだけ、外側だけでもいいから天皇制を残してくれ。中身は、もうおっしゃるとおりにしますから」ということでね。

つまり、左翼という理由は、ほとんど、「アメリカから見て、日本が、もう二度と元のような強い国家にならないようにするために、考えられるかぎりの手を打った」ということだ。「(日本が）再び大国になって、アメリカに刃向《はむ》かってくることがないようにするためには、どうしたらいいか」と考えれば、天皇の権力を骨抜《ほねぬ》きにすればいい。

今の人は知っているかどうか知らないけれども、戦前の明治憲法においては、いちおう「天皇主権」なんだよね。戦前は天皇主権で、戦後は「国民主権」なんだ。「天皇が続いているから、国体は一緒《いっしょ》だ」と思っているかもしらんけれども、戦前は天皇主権なんだ。

そして、戦後は、国民主権で、「国民の総意に基《もと》づいて、象徴《しょうちょう》としての天皇制がある」という、実に苦しくて、ややこしい説明になっている。そんなことは、私たちも分かっているんですよ。

ただ、そういう〝美しい〟言い方もあるけど、別の言い方をしたら、これは「傀《かい》儡《らい》」だよね。ただの傀儡にしかすぎないわけだ。「判断力も命令権も、何もなく、ただ飾《かざ》りでいろ」というだけですから、これは〝傀儡政権〟ですよね。そういうふうには書いていないけどもね。

これは、傀儡政権だけど、そういうふうに言ってはならず、「いかにも元首《げんしゅ》らしき振《ふ》る舞《ま》いをして、元首のように見えるけど、元首ではない」という、変なかたちだよね。

「天皇の戦争責任はある」というのが憲法学者としての本心

立木　今回の改憲論議のなかで、保守派のグループからは、この部分について、「やはり、『天皇は元首たるべし』ということを明確にしよう」という案が出ているのですけれども……。

芦部信喜　でも、その改正案にも、やはり問題はあると思うよ。

立木　はい。

芦部信喜　まあ、正直に、憲法学者としての本心を言えば、やはり、先の大戦で、

「開戦の詔《みことのり》」は昭和天皇から出されているんですよ。もちろん、「終戦の詔」も出ております。

「開戦の詔、終戦の詔とも、昭和天皇が出しておられる」ということは、要するに、「昭和天皇が主権を行使しておられた。名実共に、日本の最高権力者であった」ということを認めているのと一緒です。

だから、戦後の裁判において、「天皇には責任はなかったのだ。かたちだけで、飾りだった。逆《さか》らえなかったのだ」ということで、総理大臣以下が処刑《しょけい》されていますけども、本当の意味で、法律的に見れば、天皇の戦争責任は明確にあります。そうでなければ、法学者としての良心に反します。明確に戦争責任があるはずです。

その戦争責任を問われなかったがために、いろんなことで譲歩《じょうほ》していきました。民法なんかで言えば、「家制度」を解体して破壊《はかい》したり、あるいは、財閥《ざいばつ》を解体したり、そういう、日本を弱くするいろんな案もたくさん呑《の》んだんですよ。それで、とりあえず、かたちだけ、日本の国体が続くように見せるような戦後憲法体制をつくったんだけど、実際は責任がある。

だから、今、改憲論者が、「天皇を元首にする」と言うんだったら、やはり、元首の定義をはっきりさせないといけないと思う。「『外交使節を接受する』とか、『国会を召集《しょうしゅう》、解散する』とか、かたち上の国事行為《こうい》だけをして、国政行為はまったくできない元首」というのは、傀儡ということですから、本当の意味では、問題はあるわね。

神話的要素を否定すると「国民平等」に反し、肯定《こうてい》すると「政教分離《ぶんり》」に反する皇室

芦部信喜　それから、「戦前の天皇主権」対「戦後の国民主権」を象徴天皇制でカムフラージュし、戦後の国民主権で、「国民は平等」ということになっていますが、最大の問題は、「天皇・皇后をはじめとする皇室は、要するに、国民平等、人間平等の考えからは外れている」ということですよ。例外になっているわけです。

これを説明するとしたら、「天皇家は天照大神《あまてらすおおみかみ》の直系の子孫である」ということしかない。そういう意味で、「日本の歴史が神武《じんむ》天皇以下の天皇の歴史であるとするならば、天皇は、そのもとにある天照大神の肉体子孫であるから、普通《ふつう》の国民とは違い、特別扱《あつか》いしなければならないのだ」という、神話的な要素を認めないかぎり、皇室は、憲法学的には平等性に反する存在なんですよ。これを入れざるをえない。

ところが、この神話的要素を肯定《こうてい》すると、今度は、政教分離《ぶんり》規定の問題が出てくる。「政治と宗教を分離する」などと言って、政教分離をいろんなところで使っていますけども、実は、天皇制そのものが宗教ですので、実際は宗教と国家は一体になっている。天皇制というのは、明らかに、外側は宗教なのでね。宗教を上にかぶせておいて、政教分離もあったもんじゃない。

だから、この規定は、「ほかの宗教を弾圧《だんあつ》しない」という約束にしかすぎないと思うんですよ。

そういう意味で、憲法は、ここのところも正直ではないと思いますね。

神道《しんとう》を「国教」と認めなければ、象徴《しょうちょう》天皇制の存続は難しい

立木　今、おっしゃられたように、現行憲法には、「元首のところが明確ではない」という問題があります。

これをどうするかは、皇室との兼《か》ね合いで考えていかなければならないと思うのですが、芦部先生は、皇室をどのようにしていけばよいとお考えでしょうか。

皇室は、二千六百年にわたる日本の歴史を象徴《しょうちょう》する存在であり、極《きわ》めて尊い伝統を持っていますので、私も、皇室がなくなってよいとは思いません。

ただ、政治との兼ね合いでは、「元首なのか、そうでないのか」という問題や、「もし元首であるとすると、責任の部分も生じてくる」という、いろいろと複雑な問題がございますので、私としては、「皇室は、いったん政治から切り分けて、別途《べっと》、『宗教的・文化的存在』として存続を図《はか》るべきである」と考えるのですけれど

も……。

芦部信喜　まあ、歴史的にはそうだな。

武家とか、そういう幕府が強いときには、そこに実権を持たれて、皇室は京都で飾りになっていた時代がある。それで、ときどきは権力を持って強くなってきたり、（武家と）交替《こうたい》していて失敗したら、飾りにされて生き延び、また時代が変わったときに、必要とあれば出てきたりする。まあ、そういう使い方をして、国としての連続性を保っている。

確かに、外国には、国王がいるところはたくさんありますので、そういう皇室があると、外国からは、「若干《じゃっかん》、格が高く見える」という意味で、国の奥《おく》ゆかしさとか、奥深さみたいなものが見えることはある。

アメリカだったら、大統領が元首ですけども、任期は四年、長くて八年だね。つまり、任期制の元首ですよ。

だけども、これは、アメリカ国民と平等なんですよね。今だったら、黒人でも大統領と平等なんですよ。一方、天皇と日本国民は平等ではないんです。

まあ、いちおう、そういうかたちにはなっているので、元首であっても、アメリカの元首としての大統領と、日本の元首としての天皇とは違うわけです。

このへんは、十分に議論されないで終わりになるんだろうとは思いますけどね。だから、本当の意味で正直に言うならば、やはり、「神道《しんとう》という宗教は、国の宗教である」と認めなければ、今のかたちでの象徴天皇制が存続することは難しいと思います。

立木　そうしますと、「日本は、国教として神道を採用している」と明確化したほうがよろしいのでしょうか。

芦部信喜　でも、実際上、（明確化）してないでしょう？

立木　そうですね、はい。

芦部信喜　「(天皇が)行《おこな》っていることは、みな、単なる習俗《しゅうぞく》である」などと言っているでしょう?

こういうところに嘘《うそ》がある。これは、すでに明治時代から始まっていて、明治政府も「神道は宗教にあらず」「宗教ではないから構わないのだ」ということを言っていましたが、この言い方は、「自衛隊は軍隊ではない」という言い方と、そっくりだよねえ。こういう言い方が平気で通っているけども、「日本の法律体系の元になるものとして、『鑑《かがみ》』として見る憲法」ということであれば、やはり、あまり言葉に嘘がないかたちで、明確に書いたほうがいいと思うね。

天皇を「元首《げんしゅ》」とすることが皇室にプラスになるかは微妙《びみょう》

加藤　憲法改正の議論をリードしている自民党が、昨年、憲法改正草案を作成しましたが、やはり、「天皇は、日本国の元首《げんしゅ》であり、日本国及《およ》び日本国民統合の象徴である」というかたちになっています。

このあたりについては、もう少し交通整理というか、よく議論したほうがよろしいということでしょうか。

芦部信喜　というか、これは、「一年で替《か》わる首相が元首では、国がグニャグニャになってしまって、外国から信用されないから困る」ということでしょう?　つまり、「変わらないものがあったほうが、対外的にはいいのではないですか」と、その程度の緩《ゆる》やかな合意かな。日の丸の代わりだろう?　まあ、そういう意味での元首なんだろうけどもね。

（自民党案では）元首と言っているけど、それは、「政治に関心を持つな。意見も言うな。ただ作業のみせよ」ということでしょう？　詔書《しょうしょ》を出したり、何か作業だけをしたり、書かれた挨拶《あいさつ》文だけを読んだり、あとは、いろんなところを見舞いに行ったり、政治的な意見は言わないで外交使節を接受したり、そういうかたちにしているわけですが、まあ、気の毒ではあるね。

国民と平等でない特別なロイヤルファミリーではあるけれども、気の毒ではあると思う。

だから、「雅子《まさこ》さま問題」というのも、私にはよく分かるよ。これはつらいね。人間としては極めてつらい。特殊《とくしゅ》な育てられ方をしないかぎり、存在できないです。あれは、明治維新《いしん》で身分制社会をなくして四民平等にしたあとに、取り残された部分に見えるわねえ。

私の考えでは、「（天皇を）元首とすることが、本当に皇室にとってプラスになるか、ならないか」は、微妙《びみょう》な問題として残るなあ。

占領軍《せんりょう》に「天皇制は宗教」と認めたら天皇制廃止《はいし》は確実だった

泉　今、芦部先生は、「天皇制は宗教である」とおっしゃいましたけれども……。

芦部信喜　宗教です。

泉　憲法学の世界では、そういう議論はほとんどなくて……。

芦部信喜　いやあ、そんなもの、全然ありません。

泉　なぜ、ないのでしょうか。

芦部信喜　それを認めたら、天皇制が廃止《はいし》されるからです。

占領軍《せんりょう》の時代に、もし天皇制を宗教だと認めたら、天皇制廃止は、もう確実だったので、いかに、「宗教ではない」ということを説明し、交渉《こうしょう》して丸め込《こ》むかが、仕事であったわけです。「天皇制は、日本の習俗、あるいは単なる慣習にしかすぎないものであって、宗教ではない」と、いかに言い逃《のが》れるかが、憲法学者の主たる仕事であったわけなんですよ。

実際上、いろんな判断もしているにもかかわらず、していなかったかのように説明するのが仕事であったわけで、極めて苦しい、良心の苦しみを味わうことをやってきましたけどね。

昭和天皇は、やはり、そうとう判断をしていますよ。いろんなことについて意見を言っていますね。明治天皇になると、もっともっと実質を伴《ともな》った判断をしています。

まあ、（天皇を）キング（国王）というように考えるならば、キングは、戦争に勝ったときは、もちろんたたえられるけども、戦争に負けたときは、相手側に首を取られます。それがキングの運命ですよね。

そういうかたちでの元首であれば、今は、北朝鮮《きたちょうせん》と中国が（日本を）お攻《せ》めになって、天皇の首を取りに来ようとしているわけですから、はっきり言って、十分、危険でしょうね。

日本の歴史と一体である天皇制は憲法の規定になじまない

加藤　幸福実現党としましては、そのような、中国や北朝鮮から侵略《しんりゃく》されたり、脅《きょう》迫《はく》されたりすることが、絶対にないように……。

芦部信喜　いや、されているじゃない？　もう、すでにされているのよ。何を言っているのよ。

加藤　はい。そういう国に絶対にしないように頑張《がんば》ってまいりますが、外圧や外国の脅威《きょうい》から天皇制を守る意味でも、やはり、ここは慎重《しんちょう》に考えて、「天皇は元首ではなく、一種の象徴である」という位置づけにしたほうがよいと考えております。

芦部信喜　うーん……。でも、苦しいねえ。「国民の総意に基づく」と書いてあるけど、天皇制が総意を問われたことはないからね。

天皇制存続について国民投票をしていないので、これは、やはり、「習俗に基づく」とか、「日本の伝統に基づく」とかいうことにしかすぎない。だから、ある意味での政治とのかかわりについては、やはり、極めて難しい問題を持ってはおるね。

要するに、「成文法ではない部分、慣習法の部分としての天皇制が、日本の歴史と一体である」というところが、本当は中心なのではないかな。天皇制を外して、日本の歴史を語ることはできない。

加藤　天皇制には、憲法の規定になじまない側面もあるのではないでしょうか。

芦部信喜　まあ、本当は「（憲法の）外側にある」と言うべきでしょうね。実体法として、六法を束ねる上位の法律規定である憲法には、なじまない側面がある。はっきり言ってね。

4　現実的ではない「現行憲法無効論」

「革命」を起こすのなら、日本国憲法は破棄《はき》できるだろう

加藤　「国体」という言葉が適切かどうかは分からないのですが、戦後のさまざまな困難な状況《じょうきょう》のなかで、天皇制を存続させるための「妥協《だきょう》の産物」として、現在の日本国憲法が今日《こんにち》まで存続していると思います。

芦部信喜　うん。

加藤　実は、今、日本維新《いしん》の会の石原慎太郎《いしはらしんたろう》氏などからは、「日本国憲法は、そもそも無効である。この憲法は破棄《はき》すればよいのだ」というような、いささか乱暴か

もしれませんが、そんな議論も出てきています。

芦部信喜　うーん、だから、「革命」という状況なら、破棄はできるでしょうけどね。「革命」ということであればね。「維新」を「革命」と捉《とら》えれば、そういうことでしょうね。

つまり、明治維新みたいなものが起きるなら、破棄することはできるでしょう。維新の会が、そういう革命運動であるのなら、破棄することはできるでしょうね。例えば、「〝石原天皇〟になって、石原家の子孫が天皇家の跡《あと》を継《つ》ぐ」というのだったら、そういうことはできるでしょう。まあ、彼らが多数だったらね。

加藤　ただ、実際に革命が起きているわけではありませんし、現行憲法にも六十数年の歴史がございますので、いきなり破棄というか、廃棄《はいき》するというのは、理論的には、かなり無理があるのではないかと私どもは考えているのですが、いかがでごございましょうか。

芦部信喜　うーん……。この国の今の感じはねえ、やはり、外圧なり、予想外の事態？　そういう緊急《きんきゅう》事態に追い込《こ》まれないかぎり、変わらないでしょうね。

自民党の政治家なんかも、「とにかく、ミサイルでも何でもいいから、日本列島のどこかに撃《う》ち込んでくれれば、憲法改正ができる」などと言っているような状況であるので、まあ、情けない。非常に主体性のない状態であることは事実ですね。

戦後、〝平和の配当〟としての繁栄《はんえい》を、六十年以上にわたって享受《きょうじゅ》できたことは幸福ですよ。

しかし、平和というのは、戦争と戦争の間にしか存在しないもので、世界の歴史を見れば、そのとおりですよ。もう、戦争の歴史であって、戦争と戦争の間の一休み、次の戦争をするまでの一休みが、平和なんですよ。

だから、「六、七十年、平和が続いた」ということであれば、「そろそろ、次の時代が来ようとしているのかなあ」という感じはしますけどね。

「憲法九条改正」は吉田茂《よしだしげる》が積み残したこと

加藤　芦部先生は、ずばり、「憲法九条を改正して、国防軍なり防衛軍を保持すべきである」というお考えでしょうか。

芦部信喜　まあ、呼び方は……（笑）。日本語というのは曖昧《あいまい》言語だから、どうにでも解釈《かいしゃく》できるのでね。

「自衛隊は軍隊ではない」と言っていたのを、「軍隊だ」ということにするわけですが、（自衛隊は）外国では、とっくの昔に軍隊として通用しているものなので、これを「軍隊」に変えるのは、正直なかたちではあろうと思います。

そういう意味では、「『戦争はできない』『交戦はできない』という九条の規定は変えなければならない」ということでしょうけども、これは、吉田茂《よしだしげる》さんの代の積み残しでしょうね。やはり、彼は長くやりすぎたね。本当は、ちょっと勇気を持って改正をやらなければいけなかったでしょうな。あの時代に一気にやっておけば、問題はなかった。

マッカーサーが、「憲法を改正しろ」と言った時期にやらなかったのは、やはり政治家の判断としては間違《まちが》っていると思う。まあ、年を取りすぎていたんじゃないかねえ。

現行憲法が無効なら、戦後の法律や行政事務も全部無効

泉　憲法改正をめぐる論点で、錯綜《さくそう》している問題があるのですが、それは、「改正してしまうと、『マッカーサー憲法』を受け入れたことになる」ということで……。

芦部信喜　うーん。

泉　右側の保守系の人たちからは、「日本国憲法を一度無効にし、明治憲法に戻《もど》ってから、新しい憲法を制定すべきである」という論も出ていて、いつも議論が錯綜するのですが……。

芦部信喜　そりゃあ、ちょっと無理だな。

もう七十年近く、六十七年かやってきて、「それは全部無駄《むだ》でした。無効でした」ということになると、憲法に基《もと》づいて各法律ができ、その法律に基づいて執行《しっこう》されてきた行政事務が、全部無効になってしまうではないですか。やはり、それはないでしょう?　それは、いくら何でも無理でしょう。

泉　では、やはり、「現行憲法の改正条項《じょうこう》で改憲して構わない」ということですか。

芦部信喜　うん。改正というかたちでやるべきでしょう。

そうしないと、戦後の全部について、やり直しみたいなことが起きる可能性がありますね。

日本人の自己満足にしかすぎない「憲法九条の平和主義」

加藤　芦部先生が、今、天上界《てんじょうかい》からご覧になって、今後、具体的に憲法改正に取り組んでいくとしたら、どのあたりの条項が、時代に即《そく》さないというか、時代環境《かんきょう》の変化に適応していないとお考えでしょうか。

芦部信喜　うーん、まあ、言いにくいところはあるけどねえ。だいたい、今、法曹《ほうそう》界で活躍《かつやく》している人たちには、私の『憲法』を勉強した方々が多かろうから、非常にやりにくいところはあるけれども、「国際社会に復帰することを目標にしてスタートした戦後体制」と、「国際社会で、ある程度、リーダー的な位置を占《し》めたい」と思う今とでは、多少違いはあるかと思うね。

外国の人たちは、「日本国憲法九条で平和を謳《うた》っている」というようなことを、あまり知らないんですよ。別に知りはしないし、「自衛隊が軍隊でない」なんて、そんなことは思ってもいないんですよ。

「日本は核《かく》武装をしていない」と思っている人なんて、半分いればいいほうなんです。半分ぐらいの人たちは、「日本では核武装がもう終わっている」と思っているんですよ。

だから、日本人には、自分たちだけで自己満足している面が、そうとうあると思いますね。

ただ、この国の長い歴史を考えて、政争により、あるいは政変により、政権の交代があまりにも煩瑣《はんさ》に起きる今の状態を見ると、「何らかの求心力を残さなければいけないいかな」という感じはします。

まあ、あなたがたの憲法試案なんかも、「天皇制を第一条から外した」というので、きっと右翼《うよく》からは評判が悪いんだろうと思いますけどね（注。「新・日本国憲法 試案」では、天皇制は第十四条で規定している）。

いや、これは実に難しい問題ですねえ。

やはり、「（天皇は）敗戦責任をけっこう引きずっているんだ」と思いますよ。結局、「天皇の敗戦責任のところのけじめが、実はついていない」ということだと思う。

その部分が、戦後の皇室の苦しみになっている。だから、「国民の支持を得なければ、存続できない」ということで、「開かれた皇室」にし、人気を取る路線をやってきたところはあると思いますね。

それで、皇室には、芸能界のように扱《あつか》われる傾向《けいこう》があるのではないですかね。

5 「政教分離《ぶんり》」は是《ぜ》か非か

「内心の自由」を認めるのなら、「信教の自由」も認められる

立木　そのほかの論点としましては、皇室の問題とも絡《から》んでくるのですが、政教分《ぶん》離《り》の問題があります。

芦部信喜　うーん。

立木　日本国憲法二十条には政教分離の規定がございますけれども、これに関して、芦部先生は、どのようなご見解をお持ちでしょうか。

芦部信喜　世界を見れば、「政教一致《いっち》のところ」もあるし、「政教分離をいちおう認めているところ」もあるし、「政教分離と言いつつ、事実上の国教があるところ」もたくさんあるわけです。

ただ、憲法のほかの条文に、個人としての「良心の自由」とか、「思想・信条の自由」とかがあるから、やはり、「内心の自由」までは奪《うば》えないところがある。

「内心の自由を保障する」ということになりますと、それには、やはり、「信教の自由」が含《ふく》まれていると思うし、それを外に表明したり、行動したりする自由、すなわち、「信仰告白《しんこう》の自由」や、あるいは、「信仰活動の自由」も含まれていると思うんですね。

要するに、「内心の自由」を認めるのなら、「いろんな宗教を信じる自由」は、ある程度、認めるべきだろうと思う。

時代の変化についていけず、内部崩壊《ほうかい》が始まったイスラム教国

芦部信喜　まあ、イスラム教国のように、「宗教を変えれば（改宗すれば）死刑《しけい》になる」とか、「生まれつきイスラム教徒だったら、もう変えられない」とかいうような体制は、いずれ崩《くず》れてくるだろうと推定します。これは、国際社会において、いつまでも続かない。内部から崩壊《ほうかい》していくでしょう。

その〝前哨戦《ぜんしょう》〟が、今、イスラム圏《けん》で起きている、さまざまな紛争《ふんそう》だろうと思います。やはり、一回、ガタガタになって、荒廃《こうはい》状態にならないと、国の建て直しは起きないだろうと思うんですね。

だから、「政教一致が、どの程度までいいか」ということには、やはり微妙《びみょう》なものがある。宗教には、つくったときの時代で止まっているものがそうとうあるけど、その後、実定法は、やはり、時代の変化についていかなければならないのでね。例えば、イスラムだったら、宗教法であるイスラム法のほうが、現世《げんせ》での法よりも優

位に立ちますから、変えられないところがそうとうありますわね。

つまり、「ムハンマドの時代に神から降《くだ》った啓示《けいじ》が、今も有効かどうか」の確認が、イスラム教徒にできないことが問題ですよね。

〝電話〟をかけて、「神様、今、こういう状況《じょうきょう》になったのですが、変えてよろしいでしょうか」と言い、神様からコンファメーション（認可）が来るのならよろしいですけど、それは来ないので、このへんに難しいところがある。

ただ、宗教が乱立している状況になると、国がまとまりにくくなり、いろんな内争、内戦の原因になりやすい。そういうところもあるわね。

中国が宗教に対して非常にナーバスな理由

芦部信喜　それから、「中国が唯物論《ゆいぶつろん》的で全体主義的な国家運営をやっている」という言い方もあるけども、中国は、歴史的に、いつも宗教が原因で革命を起こされているので、信教の自由をあまり認めすぎると、新たな革命運動の火種になる。

だから、「宗教活動をやっていると称《しょう》して、実は政治運動に転化してくる」という、まさしく幸福の科学のようなものを怖《こわ》がっているのが中国ですね（注。孫文《そんぶん》の霊言《れいげん》などによると、「中国には、『為政者《いせいしゃ》が徳を失い、天命を失ったときに革命が起きる』という易姓《えきせい》革命の思想があるため、霊言を通して天上界《てんじょうかい》の考えを明らかにしている幸福の科学は、中国政府から警戒《けいかい》されている」という。『孫文のスピリチュアル・メッセージ』〔幸福の科学出版刊〕等参照）。

「宗教活動をやっているのかと思ったら、実は、地下で政治活動をやっていた」ということが出てくる。いつも、このへんから革命を起こされ、政権が倒《たお》されるのが中国の歴史であって、投票で倒されたりはしないんですよ。革命で倒される。

その革命のもとにあるのは、やはり、宗教であることが多いので、そういう意味で、宗教に対しては非常にナーバス（神経質）ですよね。

（政府公認の宗教として）五つぐらいに限り、憲法上、「信教の自由」を認めてはいるけれども、実際上の信教の自由はない。

中国では、習俗《しゅうぞく》としての宗教行為ぐらいは認められているけれども、本当の意味で、「自由な活動の源《みなもと》としての宗教は、認めていない」と言えるわね。

「国の柱になる宗教」は必要だが、少数のものにも寛容《かんよう》であれ

立木　霊的な視点も踏《ふ》まえますと、中国や北朝鮮《きたちょうせん》の国民のみなさんは、「魂《たましい》の苦しみ」を味わっていると思います。信教の自由がないがゆえに、この世でも苦しみ、また、あの世へ還《かえ》っても地獄《じごく》で苦しむことになりかねません。

私どもとしては、やはり、宗教は大事ですし、「地上は魂の学校である」という意味でも、何らかのかたちで「宗教立国」をしなければいけないと考えております。

しかし、戦後の日本を見ると、憲法の政教分離規定を盾《たて》に、宗教を社会の裏側に追いやるような動きが非常に強くなっているので、この部分は乗り越《こ》えなければいけないと思います。

その際に、信教の自由を大前提にしながら、宗教に対してポジティブな国家のあ

り方を追求していきたいと思うのですが、こういう考え方については、どのように思われますでしょうか。

芦部信喜　正直に言って、宗教に善悪をつけるのは非常に難しいことではあろうけれども、やはり、いろいろあるのではないでしょうかね。

「いい宗教」「悪い宗教」の程度は主観にもよるので、何とも言えないけども、全部が「いい宗教」とは言えないし、全部が「悪い宗教」とも言えない。

だから、そのへんの選び方は難しいし、「教義論争になると収まらなくなる」というのが、宗教についての歴史的な見解ですね。宗教同士が教義論争をやったら、もう収まりがつかないので、「どちらかに統一する」というのは、そんなに簡単なことではない。したがって、緩《ゆる》やかに放任するしかないわけだ。

その意味で、日本神道《しんとう》には、一定の機能を果たしたところはあって、「教えがない宗教、基本教義がない宗教であるために、外側の包みになれた」という意味での

「大きさ」があるわけね。

つまり、「神社に行って、鳥居《とりい》をくぐるだけで、あとはもう何もしなくても構わない。『鳥居をくぐる』という信仰行為だけをしてくれれば、内心については何も言わないし、その人が鳥居の外に出てからの行為についても問わない」と、これが日本神道だね。

「年に一回、少なくとも正月ぐらいは、鳥居をくぐれ」というのが日本神道の教えでしょう。

その意味では、包括《ほうかつ》型の宗教政治になりやすいタイプではあったのかなと思う。

そのような神道であっても、政治と強力に結びついてきて、いわゆる「神風《かみかぜ》思想」とか、「神風特攻隊《とっこうたい》」とか、そういう日本人の「死を恐《おそ》れない戦い方」みたいなものになってくると、やはり、欧米《おうべい》から見ると怖いわねえ。

「それを、今、イスラムのテロリストがまねしている」ということで、あれ（神風特攻隊）に対する恐怖《きょうふ》と同じようなものを感じたんだと思うんだけどね。

まあ、残念ながら、（宗教の善悪について）ちょっと決めかねるものはあるので、やはり、ある程度、緩やかに、信教の自由を認めながら、時代の趨勢《すうせい》に合わせて、みんなの心をつかむ宗教が広がっていけばよいのではないかねえ。

これを権力者が抑《おさ》えようとすると、信長《のぶなが》による一向一揆《いっこういっき》の皆殺《みなごろ》し的弾圧《だんあつ》になったりする。あるいは、秀吉《ひでよし》も家康《いえやす》もキリシタンの弾圧をやってはいると思うけども、政治権力が宗教弾圧をやると、すごくむごたらしいものになることもあるのでね。

まあ、ある意味での「メジャーな宗教」というか、「国の柱になる宗教は必要なのかな」とは思うけれども、やはり、「少数のものについても、ある程度、寛容《かんよう》であることは大事なのかな」と思うねえ。

仏教・神道《しんとう》・儒教《じゅきょう》の三つが「日本の国民性」をつくっている

泉　先ほど、「天皇制は宗教であって、日本神道《しんとう》が事実上の国教である」というお話があったのですが、一説には、聖徳太子《しょうとくたいし》の「十七条憲法」において、第二条で

「篤《あつ》く三宝《さんぽう》を敬え」とあり、第三条で神道的な「天皇と臣下のあり方」が書いてあるため、「その時点で、仏教が国教になったのだ」という解釈《かいしゃく》もあります。

また、「東大寺の建立《こんりゅう》の時点で、日本は仏教国家になった」という説もあります。

「そうした仏教的なものであれば、イスラム教などのように原理主義的なものが生まれにくいので、宗教と政治は非常によい関係になる」という考えもあるのですが、「仏教的なものを主軸《しゅじく》にしていく」ということについては、いかがでしょうか。

芦部信喜　世界宗教としての仏教は、どちらかと言えば廃《すた》れつつあって、キリスト教やイスラム教のほうがメジャー化してきておるのでね。

だから、「仏教を主軸にしてやれるかどうか」ということは微妙で難しく、やはり、「(仏教には) 古い分だけ、現代に合わなくなってきている面もあるのかな」という気がします。

それから、先ほど、「現行憲法無効論もある」とおっしゃいましたけど、その言い方をすれば、「聖徳太子の『十七条憲法』は、まだ改定されておらず、いまだに有効である」という考えもあるわけです。明治憲法では、「十七条憲法を廃止する」とは述べていないので、「まだ生きている」という考えもあるわけなんですけどもね（笑）。

その意味では、「仏教が中心であり、国教だ」という言い方もあるんでしょう。まあ、長い歴史のなかで、「外側は神道で、中身は仏教」というかたちの相互《そうご》補完関係ができてきて、それが日本の国民性をかなりつくってきた。

また、江戸《えど》時代には、なぜか儒教《じゅきょう》が盛《さか》んになり、「儒教的精神」も入ってきたので、ここでまた、上下の秩序《ちつじょ》の感覚が非常に強く出てきた。

そのように、三つ、入っているわけなので、難しいことは難しいね。全部、日本の国民性には入っていますので、完全に排斥《はいせき》しかねるものは、どうしてもあるね。

6 「道州制」の問題点

現行憲法上、「国と地方の序列」は明らか

加藤　今、政教分離《ぶんり》の話から始まりまして、宗教論のほうを、いろいろと教えていただきました。少し話の切り口が変わってしまうかもしれないのですが、現在、大きなテーマになっているものに、「道州制」の議論があります。

芦部先生のご存命中には、まださほど大きなテーマにはなっていなかったと思いますが、「都道府県よりも、もう少し大きな地方自治体としての州をつくり、そこに財源や権限を集中することで、今よりもうまくいくのではないか」という考えが出てきています。

もともとは、日本維新《いしん》の会あたりの主張であったのですが、それ以外の政党も、

かなり乗ってきているのが現状でございます。

これについては、「憲法そのものではなく、地方自治法の改正で可能なのではないか」という議論もあるのですが、やはり、「国のあり方の根本《こんぽん》にかかわる問題なので、憲法で規定すべし」という意見もあります。

この「道州制」について、芦部先生は、どのようにご覧になっておられるでしょうか。

芦部信喜　それは、私が存命のとき、すでに松下幸之助《まつしたこうのすけ》さんなんかが、そういうことを言っていたと思いますがね。松下政経塾《じゅく》が関係しているかどうかは知りませんが、道州制みたいなことは言っていたのではないですかねえ。

現行憲法の第八章は「地方自治」になっております。

「地方公共団体の組織及《およ》び運営に関する事項《じこう》は、地方自治の本旨《ほんし》に基《もと》づいて、法律でこれを定める。」（九十二条）

「地方公共団体には、法律の定めるところにより、その議事機関として議会を設置する。」（九十三条）

まあ、いろいろ書いてあります。

また、「地方公共団体は、その財産を管理し、事務を処理し、及び行政を執行《しっこう》する権能を有し、法律の範囲《はんい》内で条例を制定することができる。」（九十四条）とも書いてあります。

さらに、「一の地方公共団体のみに適用される特別法は、法律の定めるところにより、その地方公共団体の住民の投票においてその過半数の同意を得なければ、国会は、これを制定することができない。」（九十五条）というものもあります。

まあ、いずれにしても、「法律の下《もと》に地方公共団体は存在し、その法律の範囲内で条例を定め、行政を執行できる」ということになっていますね。

そういう意味で、「国」対「地方」の序列は、憲法上、明らかになっています。

ところが、今、中央の政界では、選挙によってコロコロと方針が変わるような状《じょう》況《きょう》が続いていて、むしろ、地方の自治体の長《ちょう》のほうが、直接投票で選ばれているため、いわゆる大統領制に近い感じになっています。

つまり、「〝大統領制〟で選ばれているので、知事のほうが権力が強い」ということですね。そういう意味で、（中央政府の）言うことをきかない。「自分らは直接投票で選ばれているのだ」という意識があるがゆえに、永田町《ながたちょう》で、力関係や数合わせで選ばれた首相よりも権力が強く、「この県に関しては、手を出させないぞ」みたいな感じになってきているわけですね。

でも、現行憲法を見るかぎりは、やはり、法律の範囲は超《こ》えられないことになっていて、「法律の範囲内で条例を制定し、法律の範囲内で行政事務をし、法律の範囲内で財産を管理する」ということになっております。

道州制を「分社制」のように考えるのは間違《まちが》い

芦部信喜　今の道州制の議論が、これをなし崩《くず》しにしていくのであるならば、それは、統一国家をつくる前、要するに、中央集権国家をつくる前の「幕藩体制《ばくはんたいせい》」に戻《もど》ることになりますね。

つまり、基本的には、「明治維新の前の段階に戻る」ということですね。当時、幕府の直轄《ちょっかつ》領はありましたけども、それ以外の地方の藩については、財政も行政も、いちおう任されていた状況です。そういう、「明治時代以前の江戸《えど》時代に戻る」というかたちになります。

江戸時代だからこそ、「長州《ちょうしゅう》藩や薩摩《さつま》藩が外国と戦争をする」というようなことが起きても、日本と戦争していることにはなっていないわけで、「幕府の知らぬことである」ということだったのが、今は、「国全体での戦い」というかたちになっている。

これ（道州制）を許すことは、実際は、アメリカのような「ユナイテッドステイツ（合衆国）」とも意味は違《ちが》うかもしれない。

例えば、「アメリカのなかのテキサス州だけが中国と戦争をする」などということは、許されないことであり、アメリカは、州を束ねることに、ものすごく国の力を使っています。

「テキサス州は日本と同盟を結ぶ」とか、「ニューヨーク州は中国と同盟を結ぶ」とか、まあ、こんなことをされたら、国のなかで内戦が起きますわね。そういうことはあってはならないので、「道州制を、単なる会社の分権制、分社制みたいなものと考えているとしたら、基本的には間違いがある」と言わざるをえないですなあ。

7 「大統領制」の導入について

「国民投票で選ばれた行政トップ」なら権力基盤《きばん》は強くなる

立木　先ほど、「地方の首長は、住民から直接選ばれるため、力が強くなっている」というお話がありましたが、私どもとしましては、国政レベルでの求心力を高める意味で、「大統領制」というものを提言しているわけですけれども……。

芦部信喜　いやあ、それはねえ、一つの案ではあると思う。

立木　はい。ただ、保守派のほうからすると、皇室との兼《か》ね合いで、要するに、「皇室に成り代わるものだ」ということで、極《きわ》めて評判がよろしくない状況《じょうきょう》です。

この「大統領制」、あるいは「首相公選制」というのもありますが、この点に関して、芦部先生のご見解はいかがでしょうか。

芦部信喜　ですから、石原慎太郎《いしはらしんたろう》さんを見れば分かるでしょう？　東京都知事だったときは〝独裁者〟のように振《ふ》る舞《ま》っておった人が、都知事を辞《や》めて国会議員になったら、あっという間に権力基盤《きばん》が失われていくでしょう？　弱くなるんですよね。だから、大統領制みたいにすれば、それは確実に強くなる。「国民の投票によって選ばれた行政のトップ」ということであれば、絶対に強くなりますよ。だけど、今、知事になれば、例えば、東京都知事なら、何万人もの人がいる東京都庁の建物のなかに入って、車も秘書も付き、いろいろ参謀《さんぼう》も付いてやっているのが、国会議員になると、秘書数名ぐらいを使って、自前でいろんなことをやらなければいけないようになる。身分はすごく落ちる状態になるわけですよね。それで、国会での一票になってしまう。（首相になるには）そのなかで多数派を形成して選ばれなければいけないし、（首相になっても）次から次へとなりたい人が出てくるので、追い出されて、交替《こうたい》していくことになる。

まあ、毎年、首相が替《か》わる状態というのは、行政的には、何らかの改善を要することではあると思いますね。

もし、首相公選制にしないのであれば、総理大臣の任期が四年ぐらいはなければ、やはり厳しいところはあるでしょうなあ。

ただ、今の国会の状態では、なかなか、一人の人に四年もは、やらせてくれないのではないでしょうかね。（四年間で）四人できるものね。それだけ、なりたい人がたくさんいる。

長期政権をつくりにくく、「ポピュリズム」に陥《おちい》っている日本

加藤　私ども幸福実現党といたしましても、国難を打破し、危機を乗り越《こ》えるためには、やはり、政治のリーダーシップを強化し、地域主権や道州制ではなく、中央

への権限集中型にしなければいけないと考えています。
そういった意味で、今日は、非常に示唆《しさ》に富む教えを頂いたと思います。

芦部信喜　というか、今は、長期政権をつくるとしたら、もう人気を取る以外に方法はないわけです。テレビの人気者のような感じで、高支持率を何年か続けられないかぎり、長期政権にならないので、その意味では、テレビ時代に合っていないんですよね。法制度が守ってくれないので、人気が落ちたら、あるいは、支持率調査があって、あれで落ちてきたら、すぐ辞めさせられることになる。

だから、安定した仕事は極めてしにくい。

これには、日本的な平等性というものが「無能の平等」に陥《おちい》っている面はあるかなという感じがするねえ。

そういう意味で、知事なんかのほうが安定しているように見えるし、近年の状況を見ても、沖縄《おきなわ》県知事に中央政府が引きずり回されている状態ですよね。これは、本当に日本の国の一部なのか、それとも韓国《かんこく》と交渉しているのか、台湾《たいわん》と交渉しているのか、分からない状況に近いですわね。

日本国憲法上、（知事には）そこまでの権限は、もともとないんですよ。そんな権限はないんですけど、やはり、「中央のほうは間接的に選ばれているが、（知事は）直接、選ばれているから強い」ということですね。

例えば、今、安倍《あべ》さんが首相をしているけども、（自民党総裁選の）党員票によれば、安倍さんではなく、石破《いしば》さんが総裁になっていなければいけなかったんでしょう？　だけど、国会議員票で引っ繰《く》り返して安倍さんがなっている。

そういう意味で、非常に複雑というか、本当の意味での権力かどうか、微妙《びみょう》なところがあって、結局、「人気が続くかぎりの権力である」ということになる。

そうすると、やはり、人気の取れる人が出てくるかたちになるので、いわゆる「ポピュリズム（大衆迎合《げいごう》）政治」というかたちになっていく。これが、民主政が衆愚《しゅうぐ》政に転落していく一つのパターンではありますわね。

そういうところで、「正しいことを貫《つらぬ》く」というのは、そんなに簡単なことではないでしょうね。

8 「法の下《もと》の平等」の根源にあるもの

一票の格差は「二対一」以上に開《ひら》かなければよい

加藤　少し話の切り口が変わってしまうのですが、今、同じく大きな問題になっているものに、選挙における「一票の格差」の問題がございます。これは、以前からある問題で、衆議院と参議院とでは、多少、仕組みは違《ちが》いますが、地域によってかなり格差があり、一票の重みが違ってきています。

これについて、衆議院は、小選挙区で「○増五減」の定数削減《さくげん》の方向などに動いてはいるようですが、「最高裁あたりも、そろそろかなり踏《ふ》み込《こ》んだ判断をするのではないか」と言われています。

この一票の格差の問題については、いかがお考えでしょうか。

芦部信喜　うーん、まあ、一人一票の重さがちょうど同じになるように揃《そろ》えるのは、そう簡単なことではないようには思いますけどね。

やはり、都会は人口密度が高いしね。田舎《いなか》は、まばらだけども、実は、一人の議員で面倒《めんどう》を見られる範囲《はんい》というのは、そんなにはないし、「力も弱い」というところもある。

この根元にある、根っこにある問題は、「地方で十八歳《さい》まで育てた有力な人材が、みんな東京や大阪《おおさか》などの都市部に行って奉仕《ほうし》しており、地元にリターンしてこない」ということです。

つまり、そのまま放置すると、都市部だけがもっともっとよくなって、田舎のほうが廃《すた》れていくことになるので、「人口密度が低く、人口が少ない田舎のほうも、もう少し繁栄《はんえい》させるべきであれば、都市部への人材供給源として、人材の供給をしている以上、地方に、少なくとも税金というかたちで戻《もど》すようにしろ」というあたりのことがあったのかなと思います。

しかし、結局、地方選出議員が多いと、バラマキ財政のもとになるので、「それを減らしたい」という意向が働いているのかなと思いますね。

私としては、まあ、「二対一以上に開《ひら》かなければ、よろしいのではないか」と思いますがね。「一人一票が、共産主義的に全部同じに働くようにする」ということには、けっこう厳しいものがある。

要するに、行政組織ごとの面積とその人口が一定ではありませんので、少し難しい。やはり、それぞれのお国元の事情があるのでね。

ただ、「二票分以上を超《こ》えたら、ちょっと過ぎるかな」という感じはしますけど。

「準天皇制」になっている首相の家系

加藤　憲法十四条の「法の下《もと》の平等」という方向には、必ずしも、〝機械的〟に行かなくてよいわけですね。

芦部信喜　これは全然守られていません。憲法十四条の「法の下の平等」って、どこに平等があるんですか。やはり、現実には平等でないからこそ、「平等にすべきだ」という憲法の規定があるわけですよ。

実際に、国民を見ても平等ではありません。平等ではないからこそ、「平等を目指す」という精神規定が入っているわけですよね。

生まれからして、もう平等ではないじゃないですか。安倍《あべ》さんなんか、もし、岸《きし》（信介《のぶすけ》）・佐藤《さとう》（栄作《えいさく》）両首相の家系で生まれていなかったら、首相には絶対になっていませんよ。

芦部信喜の名前を知らないような人が総理になるなんて（会場笑）、絶対、ありえないことです。これは、普通《ふつう》であれば〝バカ〟扱《あつか》いされることです。東京大学の卒業生たちがこの人に仕えるなど、ありえないことです。霞《かすみ》が関《せき》の官僚《かんりょう》たちがこの人に仕えるなんてことは、絶対ありえない。

「芦部さんを知らない？　バカじゃないか」ということで、バッと外されて、もう、それで終わりですが、それでも仕えているのは、岸、佐藤の名前が、やはり効いているからだし、外務大臣や幹事長だった親父《おやじ》さんの安倍晋太郎《しんたろう》の名前が効いているからでしょう。

これは、昔の藩《はん》の文化ですよね。〝殿様《とのさま》の家系〟というのは効いていますよ。もう、ほとんど、そうではないですか。二世、三世、四世議員ばかりではないですか。それは、「〝殿様文化〟の文化的伝統が遺《のこ》っている」ということだね。そういう意味では、全然、平等ではありません。

平等であったら、能力的に見て、絶対、首相になっていない人が、「偉大《いだい》な宰相《さいしょう》、救国宰相になる」と言っているんでしょう？　幸福の科学の内容（政策）をパクってね。でしょ？　私が代わりに言ってあげるけど（会場笑）。

幸福実現党の政策を、そのまま自民党の政策にして、国の行財政改革から、憲法改正から、全部やっていこうとしているわけですね。大川隆法さんのアイデアも、立木前党首の努力も、何とかという、朝日に反旗を翻《ひるがえ》しておる現党首の努力も、「周りが華々《はなばな》しく〝爆竹《ばくちく》〟を鳴らすような感じで盛り上げながら、自分のためにやってくれている」と考えてやっている。

まあ、この人は、〝つまみ食い〟が非常にうまい人ですね。総理としては、いいところだけを〝つまみ食い〟していくタイプです。

その根拠《こんきょ》は、「私にそんな能力があるわけないじゃない？」と開き直っているところにある。

家系がいいからできているんだから、それは天皇制と一緒《いっしょ》なのよ。まあ、首相は、天皇制の下のランクの「準天皇制」になっているわけで、はっきり言えば、「政治家の三代目ぐらいでなければ首相になんかなれない状況《じょうきょう》になっている」ということですな。

それがよろしいかどうかは知りません。「能力のない人が上に立ったほうが、国はうまくいく」というのなら、それでよろしいかもしれませんけどね。

「人間は神仏の子」という思想を憲法に謳《うた》うべき?

立木　少し話が変わるのですが、芦部先生の生前の学説でも、「個人の尊厳」ということに非常に重きを置いておられたと思います。

これが、人権が大事である理由になっていますが、私どもとしましては、「個人の尊厳」のさらに奥《おく》に、「人間は神の子、仏の子であり、神仏から分かれてきた存在である」という認識がありますので、できれば、これを、ぜひ、憲法にも謳《うた》い、人権そのものが、もっともっと尊ばれるような世の中にしたいと思っています。

この点に関して、芦部先生は、どのようにお考えでしょうか。

芦部信喜　ただ、国体としての国家神道《しんとう》で考えると、日本の神道は、神様と人間をはっきり区別していますね。だから、「神の子として平等」という思想が、それほどあるわけではない。「氏子《うじこ》の平等」はあっても、やはり、神様と人間は、明らかに違っています。

仏教のほうには、現実に、「悟《さと》りを開けば、みな仏陀《ぶっだ》になれる」という思想はありますけど、実際に、歴史上、悟りを開いて仏陀になった人は、民主主義的に、そんなにたくさんいるわけではありません。

だから、これは難しい問題ですね。

まあ、神と人間を分ける思想は、貴族制の始まりであろうとは思いますけどねえ。

うーん……。

あなたがたは中立でやっているつもりでいても、やはり、どうしても、「一定の宗教の傾向性《けいこうせい》」を帯びていることは事実ではありましょうね。

例えば、「神の子」という言い方だって、これは万国《ばんこく》共通ではなく、キリスト教で「神の子」と言えば、「イエス」のことを指すわけです。「神の独《ひと》り子」と言って、これはまた、限定されてしまっています。

お隣《となり》の韓国《かんこく》で、統一協会の文鮮明《ぶんせんめい》が、自分のことを「イエスとは違う『本当の意味の神の子』としての救世主だ」と言ってみたり、太平天国《たいへいてんごく》の乱のときには、イエス・キリストの弟なる者が、「生まれ変わってきた」と言って乱を起こしたりしておりました。洪秀全《こうしゅうぜん》かな？

まあ、このへんも、「一人か複数か」「みな平等か」など、いろいろ意見は分かれている。

あるいは、「全部が神様だ」というのも、今度は、それなりに難しい。〝高天原《たかまがはら》の評定《ひょうじょう》〟ということになりますね。

八百万も神様がいるとすると、例えば、日本の一億三千万人から八百万人を選んだら、どのくらいのレベルの人になりましょうか。「長《ちょう》」と名が付く人は、だいたい神様でしょうかね。

そうすると、町長でも村長でも神様だし、まあ、五十人以上の会社の社長なら神様になりましょう。それで八百万《やおよろず》になりますかね。

まあ、そのくらいの意味ですから、これだと「優《すぐ》れた人」ぐらいの意味にしかならないですね。

9　憲法に「家族の尊重」を入れるべきか

マッカーサー憲法によって解体された「家族」

加藤　「個人の尊厳」というお話も出ましたが、実は、今、憲法改正議論のなかで、もう一つ大きなテーマとなっているのが、家族についての考え方です。

芦部信喜　うん、そうね。

加藤　自民党の憲法改正草案では、「家族の尊重」とか、「家族は互《たが》いに助け合わなければならない」とかいう規定が設《もう》けられていますし、先般《せんぱん》、産経新聞が出した憲法試案（「国民の憲法」要綱《ようこう》）でも、「家族の尊重」を謳《うた》った規定がございます。

このあたりの動きというか、考え方については、どのようにお考えでしょうか。「マッカーサー憲法によって解体されたものを戻《もど》したい」ということでしょうね。

芦部信喜　まあ、だから、家族のところが解体されたというか、核《かく》家族化してきたのは、やはり、憲法および民法が原因でしょうね。主として民法の規定に基《もと》づくものでしょう。

民法によって、それまで長子相続制だったものが、遺留分《いりゅうぶん》制度などにより、きょうだいで平等に（親の財産を）分けられるようになってきた。そのため、親に対しての責任が分散されてしまい、長男が（老後の親の）世話をしなければいけない理由がなくなったわけです。

そういう意味で、「男の子が大事だ」という思想にも、やはり同じ問題が出てきたのかなとは思いますね。

財閥《ざいばつ》解体も、同じようなことでしょうけど、資本の集中をあまり喜ばない傾向《けいこう》は出てきていますね。

まあ、どうでしょうかねえ……。「家族を大事にする」というのは大事だけど、やはり、私は、宗教の教えの一つのような気がしてならないので、もう一段の上位概念《がいねん》というか、「法」があるような気がしてしかたがないですねえ。

これは、宗教の教えの一つではあろうとは思うけれども、それも、神道系《しんとう》というか、神道系のなかでも特に「秩序《ちつじょ》を重視した教え」の影響《えいきょう》下にあるのかなと思う。

「家族の尊重」は、アメリカ的なるものに対する〝防波堤《ぼうはてい》〟

芦部信喜　この考え方について、今、世界標準としては、逆の方向に動いていますわね。例えば、アメリカなんかでは、大統領が、「ゲイもストレートも一緒《いっしょ》だ」と、要するに、「同性愛者も異性愛者も同じだ」と言っているんでしょう?　これは大変なことですよ。

国家元首《げんしゅ》である大統領が、「家族破壊《はかい》の勧《すす》め」をなされているわけです。ゲイとストレートが一緒だったら、結局、家族を持たなくてもいいわけですよね。そういう大統領が出てきている。

「子供が生まれなくても、移民を受け入れるから構わない」ということでしょう? 結論は、そういうことでしょう?

日本で言えば、「日本人の子供が生まれなくても、インドネシアやフィリピンから人を入れれば、日本人になるからいい。日本人が産まなくても構わないじゃないか」ということでしょう?

「自由」は、そこまで行っているんでしょうけどね。そういうアメリカ的なるものが（日本にも）入ってきたけど、「〝毒素〟がある」と見て、一定のところで〝防波堤《ぼうはてい》〟を敷《し》こうとしているのだと思うんですね。

かつてのソ連や、今の中国なんかにも、アメリカ的なものを学びつつ、入れたくないものもそうとうあると思うんですね。

例えば、今の中国から見れば、アメリカ的なる「政治の不安定さ」みたいなものが、非常に嫌《いや》なんでしょう？

つまり、国家の独裁者に対して反抗《はんこう》できないような体制というのが、マスコミから政治の序列まで、ピシーッとしていて、異端《いたん》な者は、みな失脚《しっきゃく》していくようになっていますからねえ。

彼らにとっては、ある種の秩序なんでしょうけどね。「独裁」と言わず、「秩序」を守っているつもりなんだろうと思います。アメリカみたいに、選挙などであまり引っ張り回されるのは嫌なので、全人代（全国人民代表大会）で選挙をしているように見せても、あれは事前に全部決まっていることなので、中国は、基本的に民主主義ではありません。

あれは、「一種の期限付きの〝帝《みかど》〟を選んでいる」ということですよね。

道徳的なことは、「所信表明演説」等の首相訓話で十分？

芦部信喜　あ、何が訊《き》きたかったのかな？　人権？

加藤　「『家族の尊重』などは、憲法に規定すべきものなのか」ということです。そもそも、憲法というのは、国家権力から国民の人権を守るためのものなので、あまり道徳規範《きはん》的なものは盛り込《こ》むべきではなく、それは、本来、もっと高次な宗教などが説くべきものなのでしょうか。

その点について、憲法学者の立場として、どのように考えられるか、お訊きしたかったのです。

芦部信喜　うーん……。でも、やはり、憲法にまで入れるのはどうかなあ。まあ、法律でね、いや、法律も要《い》らないねえ。首相が、所信表明演説などで、そういうことを言えばいいんですよ。

年頭などに、「家族を大事にし、助け合う社会をつくりましょう」と、首相が教えとして言えばいいことですよ。

ただ、そういうものをバカにする傾向はあるけどね。昔、田中角栄《たなかかくえい》さんが、「五つの大切」（注。田中角栄首相が打ち出した児童教育指針）と言っていたことがあったけど、「高等小学校卒の人が国民に道徳を教えようとしている」と言って、みんなで笑っていましたよね。

でも、政治家が訓話を垂れたって構わないわけです。そういうものは教えとして説けばいいことで、憲法に制定するような内容ではないね。

10 「憲法制定」に見る東洋と西洋の違《ちが》い

宗教を認める「十七条憲法」、人権を守る「マグナ・カルタ」

加藤　私は、学生時代に、芦部先生の『憲法制定権力』などの著書を、ウンウンと、うなりながら読ませていただいていましたので、懐《なつ》かしい記憶《きおく》も……。

芦部信喜　もう忘れたでしょう？

加藤　はい（笑）（会場笑）。ただ、ぜひ、一つ、お伺《うかが》いしたかったのですが、憲法というのは、国家権力から人権を守るためのテクニカルなものにすぎないのでしょうか。それとも、大宇宙の摂理《せつり》というか、もっとはっきり言えば、「神から降りてくる理念」のようなものをも書き込《こ》むべきものなのでしょうか。

さらに言い方を換《か》えますと、憲法制定権力は、国民にあるのでしょうか。それとも、実は、はるかなる神の側にあるものなのでしょうか。

芦部信喜　いや、これにはねえ、宗教というか、神様に対する不信感が、半分は入っていますよ。

（憲法の）もとになるのは、日本の「十七条憲法」のほうが先かもしれないけれども、あれは宗教をきちんと認めています。しかし、イギリスのマグナ・カルタ（大憲章）なんかは、結局、「王様の横暴から国民を守る」ということから始まっているので、それを憲法の始まりと考えれば、やはり、「国家権力、およびその下部組織の行政機関から、国民の人権を守る」というのが憲法の役割でしょうね。

つまり、「この憲法の範囲《はんい》内で、あなたがたが法律を決めるのは結構だけれども、最低限、この人権だけは守ってほしい」という約束ごとですね。「この国の国民であることを誇《ほこ》りに思って、税金を払《はら》い、生活するために、最低限、この憲法は守ってほしい。法律をつくることに関しても、この憲法の範囲内でつくってください。私が納得《なっとく》できる範囲内で守って、お互《たが》いに〝交通整理〟をして生きていきましょう」というのが、憲法の趣旨《しゅし》だね。

マグナ・カルタ起源説的にとれば、そういうことになるでしょう。だけど、聖徳太子《しょうとくたいし》の十七条憲法起源説をとるとしたら、ちょっと違《ちが》うわね。これは「宗教憲法」ですので、もっと高次なものを認めている。

「幸福の科学の思想がどれだけ世界性を持つか」で決まる

芦部信喜　西洋のほうの憲法は、基本的に、契約説《けいやくせつ》的なものがマグナ・カルタから始まっている。これは、ルソーやロックだけから始まったわけではなくて、実際はマグナ・カルタあたりから始まっている。要するに、「強大な権力を持つ者は、必ず悪事をなす」ということだね。

もっと古く言えば、ギリシャの民主政に戻《もど》りますけども、陶片《とうへん》追放の制度がありましたよね。

有名な話として、「陶片に追放したい人の名前を書いて投票するときに、字の書けない人がいて、その人に、『誰《だれ》の名前を書いてほしいんだい?』と訊《き》いたら、それは、訊いたご当人の名前だった」というものがあります。

そのように、「自分を『追放したい』という人がいても、その名前を書いて投票してやるのが民主主義だ」みたいな考えが、ギリシャの考えだわね。

そういう一種の契約的な考えが、西洋にはある。これは、モーセの十戒《じっかい》から、ずーっと流れている契約思想がもとにあると思う。

しかし、聖徳太子の十七条憲法は、いわゆる契約思想ではない。人間の存在を、仏子《ぶっし》あるいは神の子として見ている、もう一段、レベルの高い思想ではあろうから、東洋と西洋の違いは、やはり、最終的に、多少、残ってはいるね。

だから、憲法制定に関しても、「憲法制定権力のもとになるものとして、人間のなかに性善説的なるもの、仏性《ぶっしょう》的なるものを認めるかたちで、そういう善き者が集まって決める」と考えるか、「力のある者は必ず悪事を犯《おか》すので、それから身を守るほうが賢《かしこ》いのだ」と考えるか。

要するに、「悪から身を守るのが知恵《ちえ》なのだ」と考えるか。あるいは、きちんとした宗教的な思想で教え、そういう責任ある立場にある者、権力がある者に対して、「偉大《いだい》な権力には、必ず、偉大な責任が伴《ともな》うのだ」と考えるほうに行くか。

まあ、これは、西洋と東洋で思想的に少し分かれているので、あなたがたの選択《せんたく》になるだろうと思います。

ですから、これを、宗教としての立場でおっしゃるのでしたら、やはり、「あなたがたの思想が、どの程度まで世界性を持つか」という問題につながると思いますね。

11　マスコミによる人権侵害《しんがい》を防ぐには

国家権力と戦う面も持っているマスコミ

立木　少し細かい論点かもしれませんが、マスコミが、あることないことを記事に書き連ねて、人権侵害《しんがい》を行うことがあります。

芦部信喜　プライバシー権とかの問題ですか。

立木　ええ、プライバシー権もそうですが、私《わたくし》どもとしては、「マスコミにも責任はある」と考えています。そのため、「マスコミの『言論の自由』も、憲法において、一定の規律の下《もと》に置かれるべきである」と主張しているのですが、これについては、どのようにお考えでしょうか。

芦部信喜　うーん……。まあ、微妙《びみょう》なところがあるねえ。マスコミの経営体質には、必ずしも盤石《ばんじゃく》ではない面があるのでね。

今は、朝日新聞とかも、「安倍《あべ》首相に一生懸命《いっしょうけんめい》ゴマをすっている状況《じょうきょう》だ」と言われているんでしょう？　その理由は、次に、消費税上げがあるからでしょう？

根本的に、新聞はどこも消費税上げに賛成しておりながら、「（軽減税率の適用によって）自分たちだけは上げられないと信じたい」というところでしょう。だから、「（新聞の）消費税は上げない」と決まるまでは、そのためのヨイショ記事を書いても構わないわけだね。

それで、自分たちは上がらないと決まって、ほかのところが上がったときには、「（消費税が）上がるのは当然のことで、もっと税金を納めてください。国家の財政が赤字であるのはよくありません。ただ、私たちは払《はら》いたくありません」と言うのでしょう。非常に自己中心的な考えですけども、（新聞は）そういうことを操作してはいますわね。

一方、（マスコミを）いじめるときには、「国税権力を使って脱税摘発《だつぜいてきはつ》などをし、信用を落とす」という手もありますし、あるいは、「増税をかけて経営を圧迫《あっぱく》する」という手もあるので、国に対しては、危険度は十分にある。

だから、「国家権力のなかにある人で、例えば、高級役人や政治家、特に大臣や首相等といった人のプライバシーに当たる悪事や、その疑問についていろいろと糺《ただ》したら、その反作用として、すぐに攻撃《こうげき》される」ということが簡単に起こるのであれば、（マスコミは）だんだん萎縮《いしゅく》していくことになるわね。

やはり、一般《いっぱん》の個人では、なかなか国家権力や行政権力とは戦えません。それは言論人であっても難しいので、まあ、そういう意味では、マスコミが代理で戦ってくれている面もある。だから、そのへんには微妙なところがあると、私は思う。

あなたがたは、今、宗教として、マスコミの是非《ぜひ》について糺《ただ》したりしていると思うんですが、こういう、一種の「善悪についてのチェック基準」が一つ入ることで、何か特別な憲法上の制約をかけなくても済む面はあるのかなと思います。

情報過多のネット時代に宗教が果たす役割とは

芦部信喜　今の問題はね、マスコミ自体も経営危機に陥《おちい》っていることです。インターネットの時代に入り、みんな時間がないのに、情報だけが溢《あふ》れていて、どこも潰《つぶ》れる危機にあります。それは、マスコミにもあることなんです。

今は、情報選択《せんたく》がなされる時代に入ってきていますよね。この段階で、宗教が入ってきて、そこの信者が増えてくると、その宗教の言うことが増えてきます。宗教は善悪をはっきり言いますし、結論を出します。

一方、マスコミは、善悪が分からないままに、それぞれ、思い思いの考えをたくさんぶつけているわけです。だけど、情報過多になってくれれば、「情報をスリム化したい」という力は、絶対に働いてきます。そこで、一定の宗教が、その情報のより分けをする効果を果たし始めるわけですね。

そういう意味では、宗教が一定の〝牽制権力《けんせいけんりょく》〟になりうると思うので、「信教の自由」や「表現の自由」「出版の自由」等を、きちんと守っておけば、世の中がよい方向に行って、うまく回っていく可能性は高い。

特に、北朝鮮《きたちょうせん》や中国みたいな、自由に言論ができないようなところでは、やはり、マスコミとか宗教とかを抑《おさ》えるようなものは、あまりつくらないほうがいいのではないか。私の考えはそういうことですね。

立木　ありがとうございます。

12 「靖国《やすくに》問題」に対する今の考え

どこで行おうと慰霊祭《いれいさい》は宗教行為《こうい》

立木　もう一つ、少し細かい質問になりますが、現在、靖国参拝《やすくにさんぱい》が問題になっております。

芦部先生は、ご自身の教科書に、「政治家の靖国参拝は違憲《いけん》ではないか」というご判断を示されているのですが、ただ、当時と今では、時代的な背景も違《ちが》いますし……。

芦部信喜　うん、違う。

立木　今の芦部先生のお考えは、どのようなところにあるのか、お伺《うかが》いできればと思います。

芦部信喜　「靖国参拝は違憲だけれども、日本武道館で慰霊祭《いれいさい》をするのは合憲」という考えはねえ、本当はおかしいと思いますよ。そんなものは関係ないんであって、いずれにしても宗教行為《こうい》であることは一緒《いっしょ》ですよね。

だから、慰霊祭をするのであれば、どこでやろうと一緒は一緒ですよ。日本武道館で一万人集まってやろうが、靖国でやろうが、一緒です。

まあ、厳格に言えば、「政教分離《ぶんり》規定に反するかどうか」というようなところなんですが、では、教会で（慰霊祭を）やったらどうなるかというと、キリスト教者《じゃ》は喜ぶかもしれないけど、ほかの宗教は喜びませんよね。

また、教会でやったとしても、たぶん、「宗派の違う教会は認めない」とか言い出して、教会内部で喧嘩《けんか》するでしょうね。

そういう意味では、宗教のところは難しい問題ではあるよね。

強制性を伴《ともな》わなければ「政治家の靖国参拝《やすくにさんぱい》」は問題ない

芦部信喜　結局、問題はあれじゃないかなあ。

先の戦争のときには、死ぬ前に、「天皇陛下万歳《ばんざい》!」「靖国《やすくに》で会おう」というようなことを言っていたからね。まあ、私も聞いた覚えはありますけど、「『そういう約束をしたから、その責任を果たしたい』と思っている人たちがいる」ということだろうと思うのよ。そうしないと、(約束した人に)嘘《うそ》をついたことになりますからね。「もし、『隊員を騙《だま》して、敵に突《つ》っ込《こ》ませた』ということになったら、それは人間として恥《は》ずべきことだ」と思っているし、やはり、国のためや自分の家族を守るために死んでいった人たちに対する哀惜《あいせき》の念があるからねえ。

それを、「君たちの先祖は、みんな悪人だった」「強盗《ごうとう》だった」と、中国や韓国《かんこく》は主張しているんだろうけれども、それは、一つの国家としては、なかなか認めがたいものではあろうね。まあ、靖国には、戦犯《せんぱん》とされている者も祀《まつ》られているから、そこのところが問題になっているんだろうけど、私の今の考えでは、「基本的に、強制性を伴《ともな》わなければ、（参拝《さんぱい》して）よろしいのではないか」と思うんですよ。

クリスチャンの麻生《あそう》副総理でも、靖国参拝をするんでしょう？　宗教的に見れば、クリスチャンが神道《しんとう》である靖国神社なんかに参拝するのは、絶対におかしいことで、これは、やってはいけないことですよ。でも、するでしょう？　それに、大平《おおひら》元首相みたいなクリスチャンであっても、首相になれば伊勢神宮《いせじんぐう》にお参りしたんでしょう？

これは、やはり、「宗教行為」と「為政者《いせいしゃ》としての政治行為」とを、頭のなかで少し分けているのかなと思うんですよね。

私は、「首相が靖国に行く」云々《うんぬん》の問題については、本当は天皇が行かなければいけないものだと思うんです。これは、宗教的には天皇の仕事です。だけど、天皇が行くと、やはり、いろいろと攻撃《こうげき》を受けることになるので、代わりに閣僚《かくりょう》とか首相とかが行くことになっているんだろうと思うんですね。

まあ、いまだに遺骨を拾う作業をやったりしているのを見れば、「先の敗戦の最終的な処理は、まだ終わっていない」という考えを持っているわけでしょう？　もし、これが、「終わった」という判断であれば、考えは違うのでしょうがね。

また、「あの世はない」と考えるような勢力が多くなれば、それは意味のない行為になるし、「日本の天皇制なるものや神道的なものは、悪魔《あくま》的な宗教だ」と信じる者からは、「まこと許しがたい行為だ」という考えのように見えていることも分かります。

ただ、あの世に還《かえ》った今の段階の考えから見れば、うーん……、まあ、「強制がなく、それぞれが『個人として、自主的に参拝したい』ということであれば、政治家であろうとも、別に止められないのではないか」という感じはします。

13　芦部教授の現在の境涯《きょうがい》

宮沢俊義《みやざわとしよし》氏との境涯《きょうがい》の差は「国民の幸福拡大を考えたこと」

泉　長時間にわたり、ありがとうございます。先生のご見識が非常に高く、学びになりました。

実は、過日、芦部先生の師匠《ししょう》であられる宮沢俊義《みやざわとしよし》氏をお招きしたとき、ご本人は亡《な》くなられたこともよく分かっていないようで、かなり苦しそうでしたし、「憲法は改正すべきでない」と主張しておられました。

お二人の境涯《きょうがい》を分けた違《ちが》いとは、いったい何でしょうか。

芦部信喜　年の差じゃないかな。うん。

泉　年の差？

芦部信喜　単にね。

泉　時代的なものですか。

芦部信喜　うーん、そうだね。私は、時代が変わっていくのを二十世紀の末《まつ》まで見たからね。君たちが活動しているところだって、一部、知っているよ。だから、それは、「時代の違いを知っていた」という、それだけの差ではないかな。

泉　そうしますと、宮沢先生の間違った学説の部分は引き継《つ》がれなかったわけでしょうか。

芦部信喜　いやあ、生前、助手にしてもらっていたので、ちょっと言えない部分はある。まあ、〝企業《きぎょう》秘密〟というのだってあるから、言えないところはあるけどもねえ。

ハッハハッハッ……。きついなあ。いやあ、きついね。

君ねえ、ここが宗教団体だからといって、大川隆法さんの言うことを、みんな本当に百パーセント信じているのかい？　私は知らないよ。意識調査をしてみないと分からないから、違うかもしれない。「半分以上は信じています」というぐらいで職員になっている可能性もないわけでもないからさ。だから、（死後）みんな同じところへ行くかどうかは、分からないよね。

まあ、（宮沢氏との）境涯が分かれたとしたら、たぶん、「私は、人権のところを、もうちょっと引き上げて、国民の幸福を拡大するほうに考えた」というあたりかな。そのへんが、ちょっと関係あるのかなあと思いますね。

やはり、ある意味での、憲法十三条の「幸福追求権」のようなものは、常に念頭から去らなかったので、こういうところが、宗教的には肯定《こうてい》されていたのかなあとは思います。

昔の人には、敗戦責任について、私なんかよりも、もっと重く感じていたところがあるのかもしれないけどね。

まあ、でも、いいじゃないですか。同じところから出ても、結局、違うものは出てきておりますからね。

国家を見ても、左翼《さよく》を信じている者が減って、保守側の人のほうが、だんだんと増えてきているんでしょうから、政治は、それでいいんです。そのように、それぞれの時代に合った「国民の幸福」を求めていけばいいのであって、法律なんていうのは、それのお手伝いをすればいいものなんです。憲法や法律が先にあって、人間は全員、その奴隷《どれい》にならなければいけないような理由は、全然ないと思いますね。

まあ、宮沢さんがどうしているのかは、ちょっと分かりませんが、いずれ、自分なりに悟《さと》られることもあるのではないでしょうか。

アカデミズムの立場は「権威《けんい》による権力批判」

泉　芦部先生は、ご自分がお亡くなりになったことを、十分にご存じだと思うのですが、過去世《かこぜ》も有名な法学者でいらっしゃいますか。

芦部信喜　そういう宗教的な質問には、十分に乗れないな。残念ながら、私の研究の範囲《はんい》内に入っていないのでね（会場笑）。

立木　天上界《てんじょうかい》では、どのようなお立場で、どういうご指導をされているのでしょうか。

芦部信喜　今も法学関係の仕事はけっこうしているよ。（地上の様子を）いろいろと見ている。この国のあり方や政治のあり方等について研究をしています。

立木　具体的に、どなたかをご指導されていることなどはございますか。

芦部信喜　うーん……。具体的に指導をしているというか、まあ、教え子たちの活《かつ》躍《やく》とかを見てはおりますけどね。

泉　民法や刑法《けいほう》の先生がたとも交流はあるのですか。

芦部信喜　うーん、君、厳しいねえ（会場笑）。それぞれの死後の行き場所を確定したいかね？　それはつらいねえ。

まあ、東大も左翼の牙城《がじょう》ではあったのでね。君らから見ると、ちょっと問題はあるんだろうとは思うけど、ただの左翼ではない場合もあるんだよ。何て言うか、「権力を批判する」というのも、アカデミズムの一つの立場なのでね。

つまり、「自分たちには権力はないけれども、権威《けんい》でもって批判する」というのがアカデミズムなんですよ。だから、「『権力を批判している人は、みんな左翼で、みんな駄目《だめ》で、地獄《じごく》行きだ』という短絡《たんらく》的なものでは、必ずしもない」ということを知らなければいけない。

やはり、そうは言っても、権力というものには、放置すると「暴走する可能性」が、いつもあるよ。

今、改憲ということで、憲法九条を改正して、国防軍をつくるのは構わないし、それによって、ある程度、北朝鮮《きたちょうせん》や中国による国難を乗り切ることはできるかもしれません。ただ、その後、日本が、どういうふうに舵取《かじと》りをしていくかによっては、それが悪になることだってあるわけです。

したがって、「『権力をずっとチェックしなければいけない』という仕事は、今後、マスコミにも学者にも存続し続けるのだ」ということは、忘れてはいけないと思います。国民が、そうした自分たちのリスクを承知の上で憲法改正をするのなら、「なさっても構わない」と私は思いますけどもね。

あの世ではロックやルソーの近くの世界にいる

泉　最後になりますが、普段《ふだん》、天上界で一緒《いっしょ》にいる学者の先生はいらっしゃいますか。

芦部信喜　ふふふ……。参ったね。厳しいなあ。うーん……。

いやあ、そんなに私の居場所が知りたいかい？　〝マンションの何階にいるのか〟が知りたいのか。そんな簡単に〝住所〟を教えるわけにはいかないんだけどなあ。

「普段、一緒にいる人が誰《だれ》か」を聞きたいって？

うーん、どのくらいの人を出せば納得《なっとく》するかねえ。どういう人を出せば、あなたがたは納得するのかなあ。うーん……。憲法学者なんて、昔には、いやしないからね。

どのあたりを出せば分かるかなあ。君らに分かるように言うとすると……、どのあたりを言うと分かるかなあ。まあ、ジャン・ジャック・ルソー（フランスの啓蒙《けいもう》思想家）とか、ああいう感じの人はわりに近いところにいるなあ。

泉　そうですか。

芦部信喜　ロック（イギリスの哲学者《てつがくしゃ》）とかルソーとか、ああいう感じの人たちが近くにはいる。

立木　菩薩《ぼさつ》界とか、如来《にょらい》界とか……。

芦部信喜　知りません。そういう言葉について、私は、よくは知りません。

立木　ああ、失礼しました。

泉　本日は、本当に長時間にわたりまして、いろいろとありがとうございました。

芦部信喜　うーん。はいはい。ありがとうございました。

加藤・立木　ありがとうございました。

14　今回の霊言《れいげん》を「一つの参考意見」としたい

まだまだ難題がある憲法改正

大川隆法　生前とは、かなり考えが変わったのかもしれません。今回、憲法学者としては苦しい場所に呼ばれたのでしょうか（笑）。

私の憲法論についてはあまり訊《き》きませんでしたが、訊くまでもなかったのかもしれません。「宗教としておやりください」ということなのでしょうかね。

安倍《あべ》さんの憲法改正については、「先行き、まだまだ難題はある」ということですね。確かに、「国難だ」などいろいろなことを言って、今の状況《じょうきょう》をしのぐことができたとしても、先行きのチェックはまだ残るわけです。これは、おっしゃるとおりでしょう。

例えば、憲法を改正して軍事力をつくるまではよいとしても、軍事政権の国家には悪いところが多いですからね。「敵をやっつけようと思って、相手よりも強くなったら、今度は、逆に、そちらのほうが怖《こわ》かった」ということも、また恐《おそ》れているシナリオなのでしょう。

いずれにしても、ある程度の「中道《ちゅうどう》」は要《い》ると思います。

今回の霊言《れいげん》が、どのように受け取られるかは分かりません。最初に少しだけ、「安倍首相が『芦部信喜を知らない』と言った」ということにカッときて、明らかなる反応が出ましたが、あとは比較《ひかく》的冷静に語っていたのかもしれません。

まあ、よかったのではないでしょうか。「東大教授は、みな地獄《じごく》行き」ということでは、少し困るところもあります。「そうではない」ということが分かり、よろしかったのではないかと思います。

ただ、この霊言が、幸福実現党にとって、どのように働くかは分かりません。（加藤に）どう働くと思います？

加藤　非常にバランスの取れた発言をされている感じがいたしました。最後におっしゃっていた、中道的なバランスを忘れずに、幸福実現党としては、「されど、やるべきことはやっていく」という結論になろうかと思います。

憲法論と法律論にはレベルの違《ちが》いがある

加藤　また、芦部先生の考え方として、「憲法学者の立場から言えば、家族の扱《あつか》い方などといったあたりの規範《きはん》的な規定については、さほど憲法に書かなくてもよい」というようなご意見も、それはそれで勉強になりましたので、参考にはしつつ、別途《べっと》、私《わたくし》どもで判断させていただきたいと思います。

大川隆法　だから、「道徳と法律には、多少違《ちが》う面はある」といったところでしょうか。

どちらかと言えば、私の憲法論では、「現行憲法のなかには法律論レベルに近い部分がかなり入っているので、やはり、このあたりを憲法から外して、法律のレベルに下ろしたほうがよい。憲法には根本的なところだけあればよい」というのが、基本的な考えなのです。

加藤　テクニカルなところについては法律のレベルに落としつつも、その上で、より高次な理念が憲法に降りてくる……。

大川隆法　そうそう。それが降りてこなければいけません。

芦部氏の基本的な立場は「契約《けいやく》思想で人権を守る」

加藤　芦部先生は、生前、憲法制定権力について、かなりおっしゃっていた方なので、「そのあたりについて、深いお考えを持っているのではないか」とも、少し思ったのですが、そこまでは踏《ふ》み込《こ》んでこられなかった感じです。

大川隆法　そうですね。やはり、「あの世ではロックやルソーに近いあたりにいる」ということでしたので、やや社会契約《けいやく》思想のほうに近いわけですね。だから、基本は、「契約思想で人権を守る」というところにあるのではないでしょうか。

また、「大きな権力は、国民を弾圧《だんあつ》する悪になる可能性が高い」ということから、プライバシー権等についても、多少の牽制《けんせい》はあったような気がします。「あまり自由に言論できなくなると危険になるよ」ということは言っていましたね。

まあ、一つの参考意見としてはあるかと思います。

では、ありがとうございました。

［資料］

新《しん》・日本《にほん》国《こく》憲《けん》法《ぽう》 試《し》案《あん》

（二〇〇九年六月十五日　書き下ろし）

〔前　文〕　われら日本国国民《にほんこくこくみん》は、神仏《しんぶつ》の心《こころ》を心《こころ》とし、日本《にほん》と地球《ちきゅう》すべての平和《へいわ》と発展《はってん》・繁栄《はんえい》を目指《めざ》し、神《かみ》の子《こ》、仏《ほとけ》の子《こ》としての本質《ほんしつ》を人間《にんげん》の尊厳《そんげん》の根《こん》拠《きょ》と定《さだ》め、ここに新《しん》・日本国憲法《にほんこくけんぽう》を制定《せいてい》する。

〔第一条〕　国民《こくみん》は、和《わ》を以《もっ》て尊《とうと》しとなし、争《あらそ》うことなきを旨《むね》とせよ。また、世界《せかい》平和実現《へいわじつげん》のため、積極的《せっきょくてき》にその建設《けんせつ》に努力《どりょく》せよ。

〔第二条〕　信教《しんきょう》の自由《じゆう》は、何人《なんぴと》に対《たい》してもこれを保障《ほしょう》する。

〔第三条〕　行政《ぎょうせい》は、国民投票《こくみんとうひょう》による大統領制《だいとうりょうせい》により執行《しっこう》される。大統領《だいとうりょう》の選出法《せんしゅつほう》及《およ》び任期《にんき》は、法律《ほうりつ》によってこれを定《さだ》める。

〔第四条〕　大統領《だいとうりょう》は国家《こっか》の元首《げんしゅ》であり、国家防衛《こっかぼうえい》の最高責任者《さいこうせきにんしゃ》でもある。大統領《だいとうりょう》は大臣《だいじん》を任免《にんめん》できる。

〔第五条〕国民《こくみん》の生命《せいめい》・安全《あんぜん》・財産《ざいさん》を護《まも》るため、陸軍《りくぐん》・海軍《かいぐん》・空軍《くうぐん》よりなる防衛《ぼうえい》軍《ぐん》を組織《そしき》する。また、国内《こくない》の治安《ちあん》は警察《けいさつ》がこれにあたる。

〔第六条〕大統領令《だいとうりょうれい》以外《いがい》の法律《ほうりつ》は、国民《こくみん》によって選《えら》ばれた国会議員《こっかいぎいん》によって構成《こうせい》される国会《こっかい》が制定《せいてい》する。国会《こっかい》の定員及《ていいんおよ》び任期《にんき》、構成《こうせい》は、法律《ほうりつ》に委《ゆだ》ねられる。

〔第七条〕大統領令《だいとうりょうれい》と国会《こっかい》による法律《ほうりつ》が矛盾《むじゅん》した場合《ばあい》は、最高裁長官《さいこうさいちょうかん》がこれを仲《ちゅう》裁《さい》する。二週間以内《にしゅうかんいない》に結論《けつろん》が出《で》ない場合《ばあい》は、大統領令《だいとうりょうれい》が優先《ゆうせん》する。

〔第八条〕裁判所《さいばんしょ》は三審制《さんしんせい》により成立《せいりつ》するが、最高裁長官《さいこうさいちょうかん》は、法律《ほうりつ》の専門知識《せんもんちしき》を有《ゆう》する者《もの》の中《なか》から、徳望《とくぼう》のある者《もの》を国民《こくみん》が選出《せんしゅつ》する。

〔第九条〕公務員《こうむいん》は能力《のうりょく》に応《おう》じて登用《とうよう》し、実績《じっせき》に応《おう》じてその報酬《ほうしゅう》を定《さだ》める。公務《こうむ》員《いん》は、国家《こっか》を支《ささ》える使命《しめい》を有《ゆう》し、国民《こくみん》への奉仕《ほうし》をその旨《むね》とする。

〔第十条〕国民《こくみん》には機会《きかい》の平等《びょうどう》と、法律《ほうりつ》に反《はん》しない範囲《はんい》でのあらゆる自由《じゆう》を保障《ほしょう》する。

〔第十一条〕国家《こっか》は常《つね》に、小《ちい》さな政府《せいふ》、安《やす》い税金《ぜいきん》を目指《めざ》し、国民《こくみん》の政治参加《せいじさんか》の自由《じゆう》を保障《ほしょう》しなくてはならない。

〔第十二条〕マスコミはその権力《けんりょく》を濫用《らんよう》してはならず、常《つね》に良心《りょうしん》と国民《こくみん》に対《たい》して、責任《せきにん》を負《お》う。

〔第十三条〕地方自治《ちほうじち》は尊重《そんちょう》するが、国家《こっか》への責務《せきむ》を忘《わす》れてはならない。

〔第十四条〕天皇制《てんのうせい》その他《た》の文化的伝統《ぶんかてきでんとう》は尊重《そんちょう》する。しかし、その権能《けんのう》、及《およ》び内容《ないよう》は、行政《ぎょうせい》、立法《りっぽう》、司法《しほう》の三権《さんけん》の独立《どくりつ》をそこなわない範囲《はんい》で、法律《ほうりつ》でこれを定《さだ》める。

〔第十五条〕本憲法《ほんけんぽう》により、旧憲法《きゅうけんぽう》を廃止《はいし》する。本憲法《ほんけんぽう》は大統領《だいとうりょう》の同意《どうい》のもと、国《こっ》会《かい》の総議員《そうぎいん》の過半数以上《かはんすういじょう》の提案《ていあん》を経《へ》て、国民投票《こくみんとうひょう》で改正《かいせい》される。

〔第十六条〕本憲法《ほんけんぽう》に規定《きてい》なきことは、大統領令《だいとうりょうれい》もしくは、国会《こっかい》による法律《ほうりつ》により定《さだ》められる。

以上

あとがき

とにかく、この国を一歩前進させなくてはなるまい。憲法に規定されてないことを法律だけでなし崩しにやってよいわけではあるまい。自衛隊を国防軍に変えてもよいが、そのもとにある憲法九条を、正直に変更すべきだ。憲法九十六条改正から入るのも一つの手ではあるが、政権交代のたびに憲法改正がなされて、左や右に極端にブレるのは望ましくないだろう。元首制、環境権、プライバシー権、道州制など、議論をつくしてないものも多く、選挙のたびにブレるのは困る。

信教の自由だって私有財産権だって、今でも十分に護られてはいない。安倍政権が次第にポピュリズム化し、「村山談話」を丸ごと認めてしまったのには驚いた。

こんな腰くだけ政権で憲法改正ができるのか。公明党のコウモリ体質といつまで連立できるのか。マスコミはまだ破壊のみに力を注ぐのか。私たちも今がふんばりどころだろう。

二〇一三年　五月十五日

幸福《こうふく》の科学《かがく》グループ創始者兼総裁《そうししゃけんそうさい》　大川隆法《おおかわりゅうほう》

『憲法改正への異次元発想』大川隆法著作関連書籍

『現代の法難④——朝日ジャーナリズムの「守護神」に迫る——』（幸福の科学出版刊）

『孫文のスピリチュアル・メッセージ』（同右）

憲法改正《けんぽうかいせい》への異次元発想《いじげんはっそう》

——憲法学者NOW・芦部信喜 元東大教授の霊言——

2013年５月24日　初版第１刷

著　者　大《おお》川《かわ》隆《りゅう》法《ほう》

発　行　幸福実現党

〒107-0052 東京都港区赤坂２丁目10番８号

TEL(03)6441-0754

発　売　幸福の科学出版株式会社

〒107-0052 東京都港区赤坂２丁目10番14号

TEL(03)5573-7700

http://www.irhpress.co.jp/

印刷・製本　株式会社 東京研文社

落丁・乱丁本はおとりかえいたします

ISBN978-4-86395-331-4 C0030

イラスト:水谷嘉孝

大川隆法ベストセラーズ・幸福実現党が目指すもの

幸福実現党宣言

この国の未来をデザインする

政治と宗教の真なる関係、「日本国憲法」を改正すべき理由など、日本が世界を牽引するために必要な、国家運営のあるべき姿を指し示す。

1,600円

政治の理想について

幸福実現党宣言②

幸福実現党の立党理念、政治の最高の理想、三億人国家構想、交通革命への提言など、この国と世界の未来を語る。

1,800円

政治に勇気を

幸福実現党宣言③

霊査によって明かされる「金正日の野望」とは? 気概のない政治家に活を入れる一書。孔明の霊言も収録。

1,600円

新・日本国憲法試案

幸福実現党宣言④

大統領制の導入、防衛軍の創設、公務員への能力制導入など、日本の未来を切り開く「新しい憲法」を提示する。

1,200円

夢のある国へ——幸福維新

幸福実現党宣言⑤

日本をもう一度、高度成長に導く政策、アジアに平和と繁栄をもたらす指針など、希望の未来への道筋を示す。

1,600円

※表示価格は本体価格(税別)です。

大川隆法霊言シリーズ・国防問題を考える

北条時宗の霊言

新・元寇にどう立ち向かうか

中国の領空・領海侵犯、北朝鮮の核ミサイル……。鎌倉時代、日本を国防の危機から守った北条時宗が、「平成の元寇」の撃退法を指南する!
【幸福実現党刊】

1,400円

日本《やまと》武尊《たけるのみこと》の国防原論

緊迫するアジア有事に備えよ

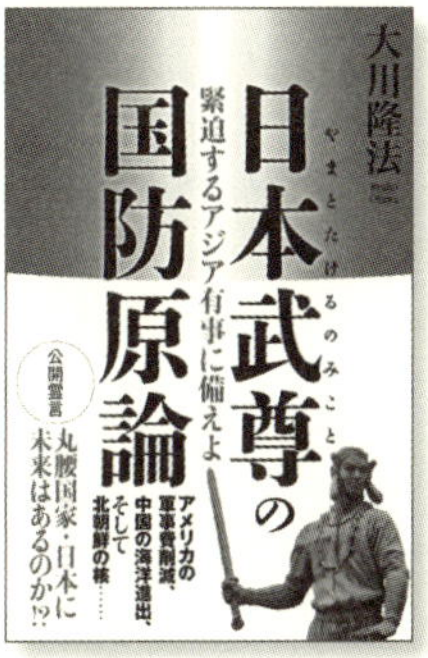

アメリカの衰退、日本を狙う中国、北朝鮮の核——。緊迫するアジア情勢に対し、日本武尊が、日本を守り抜く「必勝戦略」を語る。
【幸福実現党刊】

1,400円

日蓮が語る現代の「立正安国論」

いま再び、宗教が国家を救うとき。鎌倉時代、弾圧を恐れず、侵略の危機を予言した日蓮が、現代日本の国防危機の打開策を伝授する。

1,400円

大川隆法 霊言シリーズ・中国の今後を占う

中国と習近平に未来はあるか

反日デモの謎を解く

「反日デモ」も、「反原発・沖縄基地問題」も中国が仕組んだ日本占領への布石だった。緊迫する日中関係の未来を習近平氏守護霊に問う。
【幸福実現党刊】

1,400円

周恩来の予言

新中華帝国の隠れたる神

北朝鮮のミサイル問題の背後には、中国の思惑があった！ 現代中国を霊界から指導する周恩来が語った、戦慄の世界覇権戦略とは!?

1,400円

小室直樹の大予言

2015年 中華帝国の崩壊

世界征服か？ 内部崩壊か？ 孤高の国際政治学者・小室直樹が、習近平氏の国家戦略と中国の矛盾を分析。日本に国防の秘策を授ける。

1,400円

大川隆法 ベストセラーズ・日本復活への提言

渡部昇一流・潜在意識成功法

「どうしたら英語ができるようになるのか」とともに

英語学の大家にして希代の評論家・渡部昇一氏の守護霊が語った「人生成功」と「英語上達」のポイント。「知的自己実現」の真髄がここにある。

1,600円

竹村健一・逆転の成功術

元祖『電波怪獣』の本心独走

人気をつかむ方法から、今後の国際情勢の読み方まで──。テレビ全盛時代を駆け抜けた評論家・竹村健一氏の守護霊に訊く。

1,400円

幸福実現党に申し上げる

谷沢永一の霊言

保守回帰の原動力となった幸福実現党の正論の意義を、評論家・谷沢永一氏が天上界から痛快に語る。驚愕の過去世も明らかに。　　【幸福実現党刊】

1,400円

日下公人のスピリチュアル・メッセージ

現代のフランシス・ベーコンの知恵

「知は力なり」──。保守派の評論家・日下公人氏の守護霊が、いま、日本が抱える難問を鋭く分析し、日本再生の秘訣を語る。

1,400円

※表示価格は本体価格(税別)です。

大川隆法 霊言シリーズ・戦国三英傑の霊言

織田信長の霊言

戦国の覇者が示す国家ビジョン

緊迫する外交危機にあっても未来ビジョンなき政治、マスコミ、国民の問題点を鋭く分析――。日本の未来を切り拓く「攻めの国防戦略」を語る。

1,400円

徳川家康の霊言

国難を生き抜く戦略とは

なぜ、いまの政治家は、長期的な視野で国家戦略が立てられないのか。天下平定をなしとげた希代の戦略家・徳川家康が現代日本に提言する。

1,400円

太閤秀吉の霊言

天下人が語る日本再生プラン

いまの日本は面白くない! 天下人まで登りつめた秀吉が、独自の発想力とアイデアで、国難にあえぐ現代日本の閉塞感を打ち砕く。

1,400円

幸福の科学出版

大川隆法 ベストセラーズ・希望の未来を切り拓く

未来の法

新たなる地球世紀へ

暗い世相に負けるな! 悲観的な自己像に縛られるな! 心に眠る無限のパワーに目覚めよ! 人類の未来を拓く鍵は、一人ひとりの心のなかにある。

2,000円

Power to the Future

未来に力を

英語説法集
日本語訳付き

予断を許さない日本の国防危機。混迷を極める世界情勢の行方――。ワールド・ティーチャーが英語で語った、この国と世界の進むべき道とは。

1,400円

されど光はここにある

天災と人災を超えて

被災地・東北で説かれた説法を収録。東日本大震災が日本に遺した教訓とは。悲劇を乗り越え、希望の未来を創りだす方法が綴られる。

1,600円

※表示価格は本体価格(税別)です。

幸福実現党

国政選挙候補者募集！

幸福実現党では衆議院議員選挙、
ならびに参議院議員選挙の候補者を公募します。
次代の日本のリーダーとなる、
熱意あふれる皆様の
応募をお待ちしております。

応募資格	日本国籍で、当該選挙時に被選挙権を有する幸福実現党党員 （投票日時点で衆院選は満25歳以上、参院選は満30歳以上）
公募受付期間	随時募集
提出書類	① 履歴書、職務経歴書（写真貼付） ※希望する選挙、ならびに選挙区名を明記のこと ② 論文：テーマ「私の志」（文字数は問わず）
提出方法	上記書類を党本部までＦＡＸの後、郵送ください。

幸福実現党本部　〒107-0052　東京都港区赤坂 2-10-8
TEL 03-6441-0754　FAX 03-6441-0764